VIVRE AVEC LA MORT

DR IGOR AURIANT

Sous la direction de Frédéric Veille

City
Témoignage

Retrouvez tous les titres City Editions :

www.city-editions.com

Photo de couverture : © @Laure Veille
ISBN : 978-2-8246-2281-1
Code Hachette : 11 6088 3
Collection dirigée par Christian English et Frédéric Thibaud
Catalogues et manuscrits : city-editions.com

Dépôt légal : Octobre 2023

Sommaire

À mes fils Dimitri et Emeric,
pour qu'ils comprennent.

1

Ma première leçon d'humanité

La mort, je l'ai rencontrée jeune, au début de mes études de médecine. J'avais réussi ma première année de médecine, je continuais tranquillement. Autonome grâce à un travail de veilleur de nuit dans un hôtel, je partageais mes journées et mes nuits entre l'université et le comptoir de la réception de l'hôtel. Dix nuits par mois, je révisais mes cours derrière ce comptoir où venait dormir le monde des voyageurs, m'apportant leur lot d'expériences et de découvertes. Vers minuit, je posais mon matelas derrière la porte et je dormais, digne gardien de cet univers ensommeillé. Seuls quelques jeunes en goguette, rentrant de nuits enamourées et alcoolisées, tambourinaient sur la porte pour me sortir de ce sommeil refuge. Alors réveillé, je leur ouvrais la porte afin de leur permettre d'aller se coucher malgré les règles de couvre-feu de l'auberge. Puis le matin venu, je dégustais avec délectation le petit pain rond, que l'on trouve partout dans ces lieux de nuits, avec sa confiture dans sa petite barquette d'aluminium. C'était mon repas du matin, voire également celui de la veille, si, par chance, quelques clients en avaient laissé du matin. Petit pain rond que je retrouve encore dans les services hospitaliers que je fréquente et qui m'apporte toujours le même plaisir, plaisir de souvenir, plaisir d'instant, plaisir de vie. Ensuite, les yeux encore embués, je marchais vers la Fac en m'arrêtant toujours prendre mon café au comptoir dans un de ces bistrots qui construisent mes matins. Accoudé, quel que soit le jour de l'année, je voyais souvent passer ce camion rentrant ou partant de l'hôpital avec les lettres SAMU sur le flanc et qui emportait tant de mystères. Des moments de vie ou de souffrance dont je savais déjà qu'ils devaient faire partie de moi.

Nous l'appellerons Pierre et ses mots ont à jamais scellé mon histoire. Faculté de médecine, lors de ma troisième année, je le croise chaque matin. Il est beau dans son uniforme blanc. J'ai envie d'aller le voir, lui parler, comprendre, vivre ses émotions, sauver des vies. Lui c'est le patron du SAMU, moi je suis étudiant. On ne fait pas de SAMU en troisième année, on ne fait pas grand-chose, on suit des cours, on regarde. Lui je dois lui parler, je suis persuadé que c'est mon chemin. Un matin pourtant identique aux autres, prenant mon courage à deux mains, je vais à sa rencontre. Vous ne pouvez imaginer à ce moment ma profonde humilité, ma déférence. Ce dieu humain s'arrête, je ne sais pas quel est le temps dehors, s'il fait chaud ou froid. Je sais qu'il est là, m'écoute, m'entend.

La voix tremblante de l'émotion du novice qui rencontre enfin le maître, je m'adresse à lui : « Je veux tout apprendre de vous, tout, je veux vous suivre, je veux connaître, je veux sauver des vies. »

Lui, imperturbable, peut-être amusé du ridicule de mon propos ; lui, simplement normal, lui, mon demi-dieu, me regarde : « sauver des vies… ! ». Je réalise la bêtise de l'innocent, le sommet de mon inculture, la stupidité innée de l'étudiant béat. Ce jour-là, j'ai entendu rire le ciel, j'ai ravalé ma honte, mon orgueil, ma croyance légitime en cette profession qui me rapprochait des dieux. J'ai repris d'un coup ma place d'humain chez les humains.

Ses mots, durs, réalistes, emprunts de bonté résonnent toujours en moi. « Alors, si tu veux comprendre, apprendre, ta première aventure, ton premier combat sera l'humilité. En réanimation, il faut apprendre à être humble, à accepter la mort malheureusement fréquente. Il faut apprendre en permanence, douter, partager, sinon tu deviendras mauvais par ta méconnaissance, ton manque de travail, ton inculture. Comprendre que tu perdras souvent dans ce combat et que si un jour tu gagnes, le lendemain te montrera encore que tu peux perdre. »

Je reste médusé face à son propos, ce n'est pas le rêve qui s'effondre, c'est ma connerie qui se fragmente.

J'avais rêvé de prendre part à cette aventure du SAMU, il vient de m'en ouvrir la porte. En fait, il fait froid ce matin-là, je tremble un peu, le ciel est gris, je me sens bien seul dans mes incertitudes.

Aujourd'hui, réanimateur, trente ans plus tard, c'est encore vrai, comprendre, savoir. S'approprier le fait que si tu ne travailles pas toujours, tous les jours, si tu n'apprends pas en permanence, un jour la maladie, la mort, sera plus forte que toi.

Et Pierre répétait : « Tu dois apprendre, être rigoureux, tu dois être humble, tu ne peux faire autrement, car l'échec sera toujours présent. » Il s'est arrêté un moment, me donnant l'opportunité d'exister un peu, avec bienveillance, puis a repris : « Pour commencer, je veux bien travailler avec toi, mais tu vas devoir me suivre de ce jour jusqu'à la fin de tes études, encore quatre ans, et tu vas me promettre de m'accompagner pendant vingt-quatre heures par semaine de garde, quoi que tu fasses ailleurs. » Sa main ouverte se tendit vers moi, ce contrat humain irrévocable prenait tout son sens : celui de la poignée de main qui scellait mon destin. À cet instant, le jeune homme que je suis, l'apprenti, se prend à exister. Le temps s'arrête, le soleil semble apparaître, le costume de Pierre est encore plus blanc, il fait enfin beau dans mon cœur.

Bien sûr, je lui ai donné mon temps jusqu'à la fin de mes études, comme je lui aurais tout cédé. Je crois ce jour-là qu'en le quittant, je flottais, je touchais mon rêve du doigt. J'en étais, je rentrais dans le monde des demi-dieux, de ceux qui sauvent.

La mort n'avait qu'à bien se tenir. Le droit de tuer, un simple sourire inculte sur une pierre froide ; la connerie. Pierre a rajouté quelques jours plus tard, alors que j'étais venu avec mon cartable, mon stylo, un carnet tout neuf : « Oublie ton carnet, ton stylo, ne note rien, regarde, écoute, apprends. Écrire, c'est déjà oublier. » Trente ans plus tard, j'écoute, je regarde, j'apprends et je n'écris toujours pas.

Alors j'y suis allé, nous avions convenu d'un jour fixe. Tous les mardis, je prenais la garde de SAMU avec Pierre. C'était son jour, et puis on rajoutait quelques week-ends en fonction de ses disponibilités. Je m'étais arrangé avec l'hôtel, je déplaçais des nuits pour être de garde et chaque matin je prenais mon café au comptoir d'où je voyais passer les camions.

Le temps a passé, semaine après semaine. Il est 4 heures du matin, le driiiiiing du téléphone est monstrueux, celui qui te sort du sommeil sans discuter, celui qui secoue tes angoisses, celui que tu attends avec peur, car il est l'instant de vérité, tu décales. Décaler c'est sortir, partir en mission après un appel. 4 heures du matin, la pire des heures, celle qui casse ta nuit en deux morceaux inconstants et inutiles. Pas de repos de la première partie trop courte et pas de repos de la deuxième partie que tu ne finiras jamais. Le teint blafard, fatigué encore de m'être habillé en dix secondes, pas maquillé, je retrouve Pierre et le chauffeur. Pierre a la gueule des mauvais jours, il ne dit rien, mais tout est gris, la nuit blafarde, les lampadaires, le camion faiblement éclairé où nous sommes assis. Alors que d'habitude Pierre m'explique mon rôle, ma position, là il ne dit rien. Que du silence le long d'un interminable trajet. La route est monotone, mon esprit bouillonne, mes mots restent silencieux : « Où allons-nous, pourquoi, pour qui ? » La route est interminable, Pierre s'est enfermé dans le silence, je me tais.

Le camion passe le coin d'une rue, un homme agite les bras, au milieu de la rue, il crie. Ses traits : la peur. C'est l'urgence, l'image de l'urgence, le cri de cet homme, le visage déformé par la colère ou la peur, ou les deux mélangés, ce cri qui nous transperce, nous aspire en dehors du camion, nous pousse, nous glace. Pierre, d'habitude très réservé, se tourne vers moi, sa voix claque : « Tu ne fais rien, tu obéis et tu fermes ta gueule, je ne veux pas t'entendre. » Nous sortons alors que le jour se lève. L'homme court vers nous, l'angoisse, les larmes, les cris : « C'est là, c'est mon fils. » Pierre court, comme s'il avait dix-huit ans, je cours comme si… Deux étages, l'appartement, une porte ouverte, la chambre, une femme, une maman, en larmes. Pas les larmes que vous faites quand vous pleurez, les larmes de toute une vie, l'océan de douleur et au milieu, un cri rauque, inaudible, envahissant. Dans ses bras, elle tient un bébé, apaisé, tranquille, blanc. Pas le bébé qui pleure, non, le bébé sage, trop sage, qui dort. Trop blafard pour être honnête.

Pierre prend le bébé, repousse les parents à l'extérieur de la pièce, se tourne vers moi. La mort est là, partout, lourde, poisseuse. Ses yeux sont vides, impénétrables, et pourtant tant de souffrance au fond. Une phrase : « Réanimation maximum, il est mort, c'est trop tard, on le fait pour les parents. » Et là suit l'enchaînement des gestes techniques, le massage cardiaque, tout ceci pendant un temps si long, sans résultat. L'échec, la mort doucement moins pesante, qui se pose sur mon épaule, me rappelle mon état misérable, m'explique ses choix.

Une phrase presque murmurée : « Tu viens, nous allons voir la famille, tu te tais. » Là j'ai regardé cet homme si grand devenu si petit, j'ai vu sa bonté, j'ai vu ses mains toucher, j'ai vu ses bras serrer, j'ai entendu la douleur, les cris, les larmes, la honte, la peur. J'ai perdu tout repère, j'ai rencontré la mort un matin à quatre heures. La mort dont on vous parle, elle est là, elle a pris la vie, seule, s'ingérant dans nos vies pour en prendre une. Elle a tué pour tuer, elle m'a troublé, détruit à ce moment, ennemi identifié qui allait être et est encore ma meilleure ennemie. Mais même dans ce pire moment, les bras, les mains du soignant ont aimé, soutenu, accompagné.

Il est plus de huit heures quand nous rentrons, la garde est terminée. Nous n'avons pas échangé un mot. Pierre me prend la main, m'emmène boire un café, en terrasse. Vous savez, le café où j'aime me poser le matin, le même, celui du plaisir instantané. Il y a la vie, la musique, les rires. Cette fois nous sommes assis, ce n'est pas le comptoir habituel avec ses blagues, c'est le siège de la douleur. La terrasse de l'oubli, seuls à deux au milieu de la foule partageant ce lourd moment qui nous unit. Je brûle de parler, j'en ai besoin. Mais j'ai mal, mes questions ne sortent pas. Et puis après le café, après le silence, la main de Pierre sur mon épaule, la bienveillance, le regard, l'appui, c'est l'avalanche de mots qui se bousculent. La mort, l'injustice, la douleur, les larmes, mais aussi : « Pourquoi avons-nous fait semblant ? Pourquoi ? »

Vous le verrez au cours des pages, au cours du temps, la mort est parfois, souvent, inacceptable. Aucun mot n'aurait pu justifier que nous ne fassions rien devant des parents en attente. La mort comme spectacle, ultime répétition de ce ballet funeste où elle se rit de nous en coulisses. Réanimer l'impossible comme pour lui dire « c'est juste cette fois ». Et si on disait à la mort : « Tu ne tueras point ». Ce jour-là, le droit de tuer, comment dire…

J'ai gardé en moi ce cri, cette mémoire de ce chemin froid et obscur. Ce cri humain inaudible qui a détruit tous les rêves de cette famille. J'ai gardé cet effroi, je n'ai pas compris tout de suite. J'ai essayé de comprendre pourquoi il fallait faire semblant ce jour-là. J'ai pleuré de cette injustice et de ce théâtre de dupes dont nous étions complices. Mais si tout était facile !

Aujourd'hui encore, je revois cet instant. Je revois cet homme actif, engagé et professionnel. Cet homme qui, au bout de sa détresse, a simplement partagé son humanité. Je connais ce changement, cette métamorphose. Quand la mort t'agresse, te guette, quand tu te bas, fier et indomptable. Puis quand tout s'arrête. Quand tu es à l'abandon, quand l'énergie dépensée te semble perdue et inutile. Quand tes forces t'abandonnent et quand l'humanité te rattrape, te rappelant toujours que tu n'es rien, que tu as échoué. Cette terrasse de café, ce furent des larmes, mais aussi un bond réel dans l'humanité et je ressens encore quand j'y pense la chaleur de Pierre.

La dame avec sa faux tournait sur la terrasse, le jour s'était levé, les enfants couraient et la vie reprenait. Nous n'avions fait que ce que nous pouvions. Le ciel voyait disparaître la robe noire, habillant de tristesse notre journée, mais marquant de sa trace indélébile notre chemin, notre futur. Nul moment, dès ce jour, ne serait plus pareil, si nous ne pouvions nous sortir de l'horreur pour accepter que le jour « doit » et se lèvera toujours demain.

2

C'est un peu l'histoire de ma vie

La mort fut toujours associée pour moi à une histoire d'amour. Des hommes que j'ai aimés à mes parents, près de tous ceux qui m'ont aidé à grandir, la mort fut présente, imperturbable. Était-elle déjà là, ou simple prémonition, le jour de ma naissance ? Le 11 octobre 1961, dans la matinée, Maman, enseignante, fut admise en urgence en salle d'accouchement après avoir perdu les eaux au milieu de la salle des profs, abandonnant sa classe à ses collègues. Il est 14 heures, l'enfant arrive. L'enfant, moi en l'occurrence, se présente un peu trop tôt, 6 mois et demi, le pronostic vital est réservé. La famille se souviendra longtemps des premiers mots du médecin accoucheur : « Il ne sait ni téter ni n'a de réflexe de succion, il ne semble pas voir, mais on ne sait pas encore, il va falloir en prendre soin à la maison. » On ne choisit ni sa naissance ni sa mort et je commençais ma vie entouré de précautions, protégé par la bienveillance de ceux qui m'aimaient. La mort était là, présente dans l'esprit de tous. Chaque jour, des questions, pour d'autres anodines, revêtaient une importance majeure : « Quel est son poids ? Est-ce qu'il mange ? » Mais surtout une persistait : « Allait-il supporter, survivre ? » La dame en noir regardait ce petit monde se battre autour de ce bébé trop tôt venu, attendant son heure.

Puis vint le jour de la délivrance. On me rappellera longtemps les paroles de mon oncle médecin le soir du réveillon de Noël penché sur mon berceau, alors qu'il passait une allumette devant mes yeux : « Il voit ! » D'enfant très prématuré, presque survivant, je devenais enfin être vivant, certes fragile, mais vivant. Les soins prodigués depuis ma naissance prenaient tout leur sens : amour et caresses, chaleur et présence.

Peut-être la mort, qui cette année-là avait perdu le combat, s'était-elle intimement liée à moi. Elle allait en tout cas m'accompagner sur la route de la vie, semant la confusion dans les sentiments, imperturbable, présente. Elle connaissait le poids de toutes ces blessures intimement gardées, peu partagées, elle savait la force nécessaire pour survivre ou simplement vivre. Elle partageait le fardeau si lourd de ces cœurs qui brutalement se taisent. Elle était là, évidente.

Comment supporter ces non-choix vécus : naître ou mourir, aimer et voir mourir, accompagner. Doit-on se résoudre : à ne pas trop aimer, à s'enfermer dans la carapace du soignant, à renforcer le blindage aux sentiments, pour survivre ? Doit-on essayer de vivre en s'appuyant sur l'humanité et la bienveillance, sur les souvenirs de cette enfance protégée afin de se construire ? Peut-on réprimer ces moments si nombreux, ces passages faits de rencontres, de douleurs, de leçons, de larmes et construire son apprentissage sans la protection de sa mémoire ?

Alors je me suis construit, comme j'ai pu, repoussant les douleurs dans l'oubli en créant l'illusion que ces souffrances n'avaient peut-être jamais existé. La mort, ma meilleure ennemie, est devenue supportable, comme une présence permanente, tolérée, inéluctable. En acceptant la notion de finitude, la mort disparaît du paysage de la conscience et se présente comme une simple absence. Le fait d'exister et de vivre s'impose alors comme une évidence permettant à l'urgence de parler et d'écrire, de s'éloigner.

Ce métier de réanimateur, si particulier, semble choisi au-delà de tout hasard. Il est un engagement implicite né du premier jour où se côtoyaient la résistance et l'abnégation, donnant un goût inédit à la survie. Ce métier entre la vie et l'amour, entre la déraison ou la folie, mais toujours avec la mort qui te rappelle tes insuffisances. Un chemin qui modifie ta vision des choses par l'appréhension de la douleur, de la souffrance. Un chemin qui t'amène à accepter que tu ne sois pas ici par hasard et te donne l'envie d'avancer. Une route où tu sais, tu comprends, que même profondément cachée au fond de toi, l'expérience doit être partagée. Et quand tu n'as plus les mots pour parler, alors écrire devient le seul moyen de témoigner, d'expliquer.

L'écriture, avant de devenir urgence, a mûri comme un besoin. Besoin d'écrire cette mort qui me suit au cours de ces années. Pas un besoin d'évacuer, mais une nécessité d'avancer, de partager, de hurler cette douleur qui me tenaille, mais qui m'explique également. Une envie de décrire, de comprendre, d'expliquer afin d'être aimé et compris, grâce à tous les épisodes de ma vie. Un élément de réponse au cadeau que me fit mon père il y a 30 ans alors que Maman venait de mourir dans d'interminables souffrances : ce livre blanc accompagné de quelques mots : « Écris-le, raconte, tu le dois. » Raconter devenait un acte d'amour, me permettait de passer le témoin. Raconter cette souffrance, cette mort innommable qui venait de nous prendre une partie de nous. Ce n'était pas cette conscience indirecte de la mort que je vivais quotidiennement à travers mes expériences, c'était la mort directe qui me prenait l'être cher. Je savais ce jour-là, devant ces pages blanches, que cette mort si proche remuait en moi tant de moments accumulés, tant d'expériences qu'il me fallait raconter. Expliquer comment au fil du temps, j'avais oublié le « elle » (la mort de l'autre, du patient), pour en faire un « nous » (la partager), m'appropriant une douleur qui n'était pas mienne. Je devais parler, quel que soit ce poids.

Et puis la vie continue et m'enferme dans mes paradoxes, ma carapace se resserre. Le temps s'épuise et mes écrits attendent, l'urgence s'assoupit. Témoigner pour libérer la parole, témoigner pour expliquer à ma compagne, à mes enfants : quelle déraison ! Plus tard, plus tard... Médecin réanimateur, confronté à la mort, quotidienne, jamais banale, et toujours incapable de partager, bloqué. Je sais que je devrais, mais je ne peux et le temps passe. Ma douleur, chaque jour accumulée, se cache, rendant l'expression de plus en plus difficile. Elle est oubliée par facilité, abandonnée par prudence, refoulée. Parfois, pourtant, elle s'échappe. Un sentiment, un échange humain presque banal font sauter la soupape. Les larmes apparaissent alors, discrètes, témoins de mon ressenti, démesurées mais sincères, fugaces images de ma souffrance. À ce moment, je sais que la parole et l'écrit seront salvateurs. Je sais que la mort des autres, toujours présentée comme un fait extérieur, est impensable. Elle n'est pas néant, simple modalité de la vie, elle touche et anéantit. Elle est le malheur quand elle entre dans nos vies, quand elle nous enlève l'essentiel.

Malheureusement, j'ai souvent vécu ces morts indirectes de façon complice avec les proches et les familles de mes patients, partageant avec elle le sentiment de perte de l'être cher. Ceci peut expliquer ces moments d'émotions pures sans retenue, témoins de ces douleurs enfouies. Larmes démontrant l'erreur de ne pas avoir réussi à mettre, entre le professionnel et moi, de façon immuable, un mur infranchissable. C'est ainsi qu'au lieu de laisser à la mort son côté impersonnel, elle est devenue une affaire de cœur.

Mais le vase, parfois, déborde. Les attentats à Paris, la mort affichée, brutale, la mort partout, hors de toute humanité. Une impérieuse nécessité de parler et de témoigner. Un besoin viscéral de crier : « Non ! La mort, ce ne sont pas ces noms égrenés, ce compte incessant. La mort, c'est “Un”, à chaque fois multiplié, une souffrance répétée. » Cette mort qui devient presque inapparente tant elle est représentée, médiatisée, je la connais, je vais la dire. Je ne peux laisser faire, je dois. Exigence de l'instant ; prise de conscience légitime de l'homme adulte face à une brutalité innommable, inhumaine : témoigner. Pourquoi cette mort perdait-elle son identité pour devenir commune, banale ? Pourquoi devenait-elle absente ?

Je savais qu'il fallait que je raconte celle qui partageait ma vie depuis presque 40 ans. Elle était l'humanité tout entière qui se cherchait dans les larmes de ces amis, de ces inconnus. Je savais ce qui se cachait. Je reconnaissais cette sensation inlassablement répétée : mort d'une relation, d'un amour, d'un ami. Il fallait écrire cette mort qui, au cours du temps, avait amené l'enfant que j'étais vers l'homme que je suis. Un homme qui affronterait ses peurs tout au long de sa vie, lucide devant la nécessité qu'elles ne prennent pas le dessus sur la raison et la bienveillance et l'humanité. Un homme capable d'envisager le pire pour mieux s'en protéger. Une leçon pourtant unique, le droit de mourir et aussi de vivre avec la mort.

Puis la Covid-19, la guerre. De nouveau, je ne comprends plus, je ne reconnais ni ce monde ni les hommes. La mort devient nombre, le droit de mourir devient droit de tuer. Du gamin au coin d'une rue qui donne la mort à cette femme qui meurt seule dans d'immenses souffrances, de ces hommes érudits qui légifèrent sur la mort à ces révolutionnaires qui réclament le droit de mourir, d'être tué. La mort est partout pour finalement n'être plus, oubliée, banale. La mort devient le nombre et légitime le tueur (maladie ou homme) dans l'indifférence générale.

Et si la mort, celle qui me tenaille, qui m'arrache les tripes pour m'obliger à écrire, à crier, tirait son absurdité de l'absence d'humanité ?

Il fallait que je la raconte, c'est un peu l'histoire de ma vie.

Je suis médecin réanimateur…

Un métier peu connu au final. Un réanimateur, « c'est quelqu'un qui endort… » pour beaucoup de gens que je rencontre, c'est-à-dire avant tout un anesthésiste. Pourtant, la réanimation est une spécialité à part, les médecins qui y travaillent peuvent être anesthésiste réanimateur ou réanimateur médical. Le plus souvent, ils ont un exercice exclusif dédié à la réanimation et viennent de spécialités médicales différentes, on peut être anesthésiste, cardiologue, néphrologue, pneumologue et réanimateur. Depuis les modifications de filières de spécialité, il y a maintenant les médecins intensivistes réanimateurs et les médecins anesthésistes réanimateurs.

La réanimation est mal connue, c'est une spécialité à part entière qui a tenu le devant de la scène pendant l'épidémie de Covid. Ces services dont les médias diffusaient des images de malades allongés sur des lits entourés d'un arsenal incroyable de machines qui les maintenaient en vie. Pour le Larousse médical : « la réanimation est l'ensemble des moyens mis en œuvre soit pour pallier la défaillance aiguë d'une ou de plusieurs fonctions vitales, dans l'attente de la guérison, soit pour surveiller des malades menacés de telles défaillances du fait d'une maladie, d'un traumatisme ou d'une intervention chirurgicale. » Pour nous, elle a surtout une définition humaine. En juin 2023 se tenait l'anniversaire des 60 ans de la réanimation de l'hôpital de Garches, la cérémonie s'intitulait : « De la poliomyélite… à la Covid-19… » Ce titre faisait référence à l'article de Djillali Annane[1] qui apporte beaucoup d'éléments intéressants sur notre passé de réanimateurs.

Pour comprendre le métier de réanimateur, il faut revenir quelques années en arrière et suivre un peu le chemin des membres fondateurs de cette spécialité récente. 1953 marque le début de l'épidémie de poliomyélite en Suède qui va s'étendre rapidement sur l'année suivante aux États-Unis et au nord de l'Europe. Les médecins en France sont confrontés à cette maladie contagieuse et se retrouvent devant des milliers de patients présentant des paralysies plus ou moins

1. « Histoire de la réanimation – de la poliomyélite à la Covid-19 » par Djillali Annane. Médecine intensive et réanimation, vol. 32 hors-série, juin 2023.

étendues, mais surtout des centaines de décès de paralysie respiratoire. Il n'existe pour le moment qu'un seul traitement capable d'aider ces malades : c'est le poumon d'acier inventé à la fin du dix-neuvième siècle et utilisé pour la première fois sur un patient en 1928 au Children's Hospital de Boston. C'était une sorte de tube dans lequel on enfermait le patient, la porte qui permet à la tête du patient de rester à l'air libre est ensuite refermée, formant un compartiment scellé étanche. Des pompes augmentent et diminuent de façon périodique la pression à l'intérieur du tube simulant la respiration physiologique et le patient peut survivre. Mais le patient ne devait jamais quitter le tube… Alors, des médecins de l'époque se dirent qu'on pouvait faire respirer un patient de l'intérieur en lui mettant un tube dans la gorge (trachée) et insuffler de l'air manuellement avec un ballon. D'autres, devant la gravité de l'épidémie, eurent l'ingéniosité d'imaginer une machine à la place du ballon et ce fut la création du premier respirateur Engström introduit en France par Maurice Cara en 1954 qui permettait de maintenir une ventilation en pression positive pendant des milliers d'heures.

Le patient pouvait ainsi être ventilé longtemps et survivre. C'est ainsi que des hommes comme Pierre Mollaret, Maurice Goulon et quelques autres créèrent des unités dédiées où les patients étaient surveillés vingt-quatre heures sur vingt-quatre et ventilés grâce à des respirateurs avec une équipe présente en continu. Le principe de la réanimation en était à ses balbutiements. Grâce au succès obtenu dans le traitement des formes respiratoires de la poliomyélite, les indications furent élargies à d'autres maladies compromettant les fonctions vitales, comme le tétanos jusqu'alors régulièrement mortel. Parallèlement, la prise en charge vingt-quatre heures sur vingt-quatre permettait de suppléer aux autres fonctions vitales comme la perfusion, l'équilibre nutritionnel et les désordres hydroélectrolytiques. Ainsi, des maladies mortelles comme les intoxications, les myasthénies, les états de choc, les noyades, les états de mal asthmatique, les pneumopathies sévères et d'autres encore virent leur pronostic vital transformé.

La réanimation était née, définie par Jean Hamburger[1] comme : « discipline médicale nouvelle comportant l'ensemble des gestes thérapeutiques destinés à conserver un équilibre humoral aussi proche que possible de la normale au cours des états morbides aigus, quelle qu'en soit la nature ».

Aujourd'hui encore, les principes énoncés par Jean Hamburger puis l'équipe de Claude Bernard gouvernent l'activité des réanimations.

Ce principe de réanimation, initialement français, mis en œuvre par des passionnés répondant à l'histoire, se généralisa dans le monde entier. On avait intégré en médecine le concept de gagner du temps : « Prendre le

1. *Techniques de réanimation médicale et contrôle de l'équilibre humoral en médecine d'urgence*, Éditions médicales Flammarion, 1964.

contrôle de toutes les défaillances pendant la période critique d'une maladie pour permettre de passer le cap ».

En France, selon les chiffres de la DREES[1], il y a 5 433 lits de réanimation en 2019 correspondant au service type que nous avons décrit. Selon les chiffres du collège de médecine intensive et réanimation[2]. En France, il y a à peu près 2 350 médecins réanimateurs en réanimation. qui font en moyenne une garde tous les 5 jours et travaillent un week-end sur deux. Et il y a au moins 329 postes vacants et non pourvus.

La question du choix de spécialité est une question complexe. Le plus souvent, c'est une rencontre, une histoire d'amour. J'ai démarré ma médecine sans savoir exactement quelle spécialité faire. Pendant mon externat qui dura six ans, j'ai parcouru différents stages, différentes spécialités. J'ai rencontré des hommes et des femmes passionnés par leur métier. Et un jour, la rencontre, celle d'un médecin qui m'a fait partager non plus son métier, mais sa passion, qui m'a fait rêver, m'a enthousiasmé. Le choix de la spécialité, c'est cela : tout simplement, la rencontre qui change ta vie. Celle entre une individualité en quête de sens et une passion. Ensuite, ce sera le concours de l'internat, puis le choix de la spécialité, le compagnonnage pendant 4 ou 5 ans et l'apprentissage jusqu'à la compétence.

1. Nombre de lits de réanimation, de soins intensifs et de soins continus en France, fin 2013 et 2019, parus le 12/01/2021.

2. Démographie des réanimations françaises, enquête 2021, état des lieux hors pandémie.

On ne peut toutefois négliger les servitudes liées à ce métier, les gardes 24 heures sur 24, les week-ends travaillés, la tension dans la prise en charge de la détresse vitale, la tension face à la mort d'un patient à laquelle on ne s'habitue jamais. Ceci fait partie également des contraintes qui limitent le choix de cette spécialité. En 2020, sur 8 288 étudiants présents au choix de l'internat, 0,9 % ont choisi la réanimation médicale et 5,6 % l'anesthésie-réanimation (c'est-à-dire l'anesthésie ou la réanimation).

Les professions de santé, les médecins réanimateurs comme les autres doivent intégrer de nouveaux paradigmes. Une revendication de temps libre, de partage familial, de loisirs, d'évolution, de temps de travail qui agite les générations. L'impact de la permanence de soins sur la vie de famille, sur la santé, les nuits sans sommeil. L'épidémie de Covid-19 a mis en avant ces professionnels investis dans la réanimation, mais les solutions manquent pour rendre ces métiers attractifs au-delà de la simple passion. C'est une mutation sociétale qui dépasse la médecine, mais à laquelle nous devrons faire face : redonner un sens au travail. Médecin réanimateur, est-ce bien raisonnable ?

3

Ce jour-là, fidèle à mon serment d'Hippocrate, je n'ai rien fait

Est-ce bien raisonnable ?

Souvenez-vous, cette nuit de garde, le Bébé, les mots de Pierre. Une phrase presque murmurée : « Tu viens, nous allons voir la famille, tu te tais ». J'ai entendu la douleur, les cris, les larmes, la honte, la peur. J'ai perdu tout repère, j'ai rencontré la mort un matin à quatre heures.

J'ai gardé la douleur, les cris. Mes nuits ne furent plus jamais pareilles, des réveils en sueur, des questions. Sommes-nous arrivés trop tard ? Aurions-nous pu faire mieux ?

Quelques soirs, j'y pense sans arriver à m'endormir ; quelques nuits, ces hurlements me réveillent ; quelques jours, je me tais et j'attends. Je sais que je dois continuer à apprendre, connaître pour ne pas faire d'erreur. Ces premières expériences sont tatouées en moi sans pouvoir sortir doucement assimilées, enfouies au plus profond pour survivre puis faire finalement partie de moi et disparaître.

Le boulot a repris avec son rythme habituel, des nuits d'hôtel de garde avec mon petit pain rond, des nuits de garde au SAMU avec mon Pierre presque aussi rond. Des soirées aussi où ces évènements se télescopent avec ton quotidien. Des soirées où tout va bien, pleines de plaisirs, pleines d'amour et brutalement changeantes au coin d'un regard. Un simple changement de lumière, tu retrouves ta compagne en noir avec sa faux qui te traverse. Des moments que tu dois gérer parfois avec excès pour que les vapeurs d'alcool dissipent les brumes de ton âme. Alors seul dans ta mémoire, loin de toute brutalité, tu acceptes ton humanité.

C'est un dimanche après-midi, il fait beau, nous venons de déjeuner, tout est calme. La même sonnerie retentit. Cette fois, elle ne te réveille pas, mais te sort de la chaleur douillette d'un repas entre amis. Amis, oui, parce que le temps passant, les émotions partagées, les larmes et les colères ont tissé des liens indéfectibles entre ceux qui ont partagé au-delà de la réalité, partagé l'émotion. Cette émotion qui t'étreint quand aucune façade ne te protège et que d'homme tu deviens humain, sans fard ni maquillage pour aimer et vivre.

Il faut y aller, Pierre a pris les infos, nous prenons la route. Il me dit « aujourd'hui, tu fais tout ». Quelques mois déjà, mais là d'un seul coup, la mise en situation, l'angoisse, la peur déjà connue souvent reconnue ; travailler, décider, agir seul… Aller au front… Dans sa bienveillance, Pierre me lâche, me met à l'épreuve. Nous prenons le camion, le même, comme toujours, mais qui a cette fois une saveur particulière. C'est drôle comme, même courte, la route est toujours longue et redevient courte, voire trop courte. L'appel téléphonique qui te laisse imaginer le pire et craindre, suivi du contact avec la réalité brutale où tu dois agir. La blessure puis la libération, putain de métier. La décision, l'action et la peur qui soudain disparaît. Quelles que soient les années et mon expérience, j'ai toujours eu ce petit pincement quand le téléphone ou le bip sonne, te prenant dans tes sensations pour t'amener vers un autre angoissant, imprévu où, seul face à toi, tu dois simplement être.

Nous arrivons devant un charmant pavillon de banlieue, plutôt coquet, dimanche ensoleillé à l'heure de la sieste, l'endroit où ton voisin n'ose pas passer la tondeuse de peur de te déranger. Dans cette banlieue tranquille, un homme d'un certain âge nous attend sur le perron. Propre, rasé, bien mis, il nous reçoit presque avec le sourire. Nous le suivons. Il parle d'une voix douce : « C'est ma femme. Nous étions en train de nous reposer dans le canapé et puis elle ne répond plus. »

Nous entrons. Je retrouve dans cet intérieur la tranquillité de l'harmonie, tout est bien rangé, propre, lustré. Un napperon par là, vraisemblablement brodé à la main, une photo des enfants posée sur le guéridon. L'expérience d'une vie calme. Un peu comme si je rentrais chez mes grands-parents. Sa femme, 92 ans, est là, presque allongée dans le canapé, bien mise également, elle semble endormie. Sa respiration est un peu bruyante, son visage déformé esquisse une grimace, de sa lèvre coule sa salive, doucement, sans la déranger. Elle ne bouge pas, mais semble réagir à notre entrée. Peut-être n'est-ce que mon désir. Nous l'entourons et, pleins de douceur, la portons pour l'amener sur le lit de la chambre. Elle gémit doucement. Elle semble apaisée et absente, elle ne bouge plus le côté droit, même quand on lui fait mal. Elle bouge un peu à gauche, ne parle pas, ne répond pas à nos questions, elle respire de travers.

C'est la première fois pour moi, mais eux ne le savent pas. Premier moment de solitude, action, décision. Mes neurones se replacent, énergie vitale maximale. Je vois derrière elle ma copine en noir, la mort se marrer, elle me regarde. Mais cette fois, je sais. Au poker de la vie, j'ai la main. Elle respire encore, je vais agir, je vais gagner. Sentiment de fierté et de force. Je vois la faux qui s'éloigne, je la baise, je vais la baiser. Je me précipite sur le matériel, ouvre le sac, tout est là comme dans ma tête. Les gestes prévus présents, l'un derrière l'autre, la logique de survie : perfusion, ventilation…

Une main chaude, bienveillante se pose sur mon épaule. Soutien inattendu, aide morale ? C'est Pierre. La main se fait plus insistante, discrète mais présente, m'obligeant à l'immobilité. Des mots si doux, murmurés dans le calme de ce lieu de paix, murmurés mais si forts, si audibles, si présents, si… Pierre m'arrête. « Attends, laisse-la tranquille, réfléchis. Ne cours pas, arrête-toi, regarde, comprends, que vas-tu faire ? » Allongée sur son lit, elle paraît si seule, mais si calme, j'entends un ronflement à chaque respiration, je vois les yeux qui ne voient pas et fuient, je vois ce corps paralysé, je vois sa face déformée mais belle, je sens le calme, je comprends le diagnostic, accident neurologique. Pierre est toujours là, la main sur moi, ferme, mais apaisant. Je suis un médecin libre d'agir, il me l'a dit. Sa force m'immobilise. Ses mots reprennent à mon oreille, inondent ma tête, me perdent, se récitent en boucle, je pense.

En fait non, je suis désemparé, incapable de penser, ma main se fige, mon cœur ne sait plus. Pierre poursuit : « À son âge, on a le droit de partir, elle a fait un accident vasculaire cérébral massif, elle ne récupérera pas. Tu peux agir, mais que vas-tu faire ? » Je suis anéanti, ému, perdu, présent, je comprends. Ma main tient encore le matériel de perfusion, d'intubation. Mes mots se perdent dans ma tête. Je suis médecin, merde, je suis là pour sauver ! Confluence des sentiments, douceur de Pierre, force de l'injonction paradoxale, faire ou ne pas faire, le geste de trop. Pierre reprend la main sans parler, sans agir, tranquille. J'ai envie de pleurer, je n'ai pas vu, pas compris, qu'allais-je faire, qui a raison ? Sa voix me murmure à l'oreille : « Allons voir son mari. » Je sens la mort dépitée, ils ne se battent pas ! Tout ce jeu pour rien...

Nous retrouvons l'époux, il est calme. Pierre s'assied en face de lui, parle, de cette voix que je ne connais pas, celle qui panse, qui apaise, qui pleure, qui explique, qui affirme et décide, qui sait ou du moins qui fait selon sa compassion, son amour, son expérience, sa douleur. Il lui explique, on ne fera rien, car il n'y a rien à faire. Il se découvre comme je le découvre, ses yeux s'embuent ou peut-être les miens. Ses mains ont spontanément pris celle de Monsieur, étreinte discrète, quand la main rejoint le cœur et englobe l'instant de son humanité et surtout de la vérité. L'époux est attentif, doux, calme, demande de la laisser à la maison. Le médecin traitant est appelé, un peu de confort et on va la laisser s'en aller tranquillement, on l'attend. Le vieil homme ne sera pas seul, il nous a fait un café. Ce café que nous partageons sur la table de cuisine dans un verre en pyrex, tiré de la cafetière où il mijote depuis le matin, le café des amis ou du facteur.

Il est retourné dans la chambre avec elle, il lui tient la main. Nous repartons, il nous a accompagnés jusqu'à la porte, presque souriant, pas de mot inutile, tout paraît clair. Assis dans le camion, la douleur me submerge, les larmes. Fort de ma petite expérience, j'allais jouer au docteur, j'allais la sauver : pourquoi ? Pour qui ? Étonnante prise de conscience du pouvoir ; nous étions libres de faire ce que nous voulions. Le pouvoir médical ! Qu'allais-je faire ? Que faut-il faire ? Le chemin de retour en camion est peuplé de silences, pas de mot. Le genre de silence qui vient frapper à ta conscience quand tes idées sont tellement bruyantes et que tu perds pied. Pierre ne dit rien, me laisse vide de mes incertitudes, la route est longue, la route est pensée. Notre amie de toujours, ma compagne à jamais est restée au chevet de Madame, allongée, elle va l'accompagner. Nous sommes rentrés à la base, c'était l'heure du goûter, café chocolat, vannes de carabin. Je suis sûr qu'on l'a fait chier, la mort, ce jour-là ! On n'a pas dansé le jeu macabre, finalement. Mais qu'est-ce que ça fait mal ! Cette réalité non pas de ton impuissance, mais de ta possible puissance absurde et irraisonnable. Première parmi d'autres leçons de vie. Toi et la mort, toi et le pouvoir, toi et le geste.

Les publications de Martine mises à jour : Igor va au SAMU, Igor réanime, Igor doute…

Ce jour-là, en rentrant, je ne sais plus. Je sais la main de Pierre sur mon épaule, je sais son sourire bienveillant comme pour me dire « merci d'avoir compris ». Vivre peut-être, simplement vivre. Ce jour-là, ça me fait pleurer ! Nous avons appris plus tard que la famille avait rejoint Monsieur pour finir le dimanche et que Madame était partie en début de soirée entourée des siens.

Cette expérience pose déjà toutes les questions qui vont être développées. La mort et son lien avec la vie, l'humanité de la décision médicale : faire ou ne pas faire, le choix d'accompagner et non d'abréger. La mort révélée, dans toute sa brutalité, constante, unique et toujours présente, douloureuse. Le choix de l'humain, essence même de notre mission de soignant. Pierre, c'est l'amour à mort, c'est une tentative de réponse humaine. Réanimation vitale pour survivre ou abstention pour vivre et laisser mourir. L'humanité et la vérité.

Reprenons : Pierre a arrêté ma main, a pris son temps, puis nous sommes allés voir son mari. Ses mots reprennent à mon oreille, inondent ma tête, me perdent, se récitent en boucle. L'éclatante vérité, apportée dans la douceur, presque la main dans la main. « Votre épouse a fait un accident vasculaire cérébral massif, elle ne récupérera pas, à son âge on a le droit de partir, il faut surtout ne rien faire, nous allons la laisser s'endormir, apaisée, soulager sa douleur et l'accompagner. » Les mains dans les mains, échange muet, bienveillant, tant d'amour face à tant de violence. La belle avec sa faux qui perd la face devant l'humanité et l'échange. Ce ne sont plus le médecin et le patient, ce sont deux hommes qui, s'étant compris, s'accompagnent. Monsieur peut se faire entourer de sa famille, mais c'est fini, Madame ne reviendra pas. La situation s'est poursuivie simplement et Madame nous a quittés, entourée des siens.

Cette situation aurait pu être différente. Imaginez Pierre arrêtant ma main : « Laisse, on ne va rien faire, son état est trop grave, dépassé. » Il sort alors une seringue de sa poche, prépare une ampoule de potassium, lentement, il me regarde. « On ne peut pas la laisser ainsi, ça peut durer des heures. » Ses mains qui m'ont tant apaisé deviennent acte de pouvoir, je sais. Il prend la seringue et injecte doucement. Notre patiente s'éteint brutalement, arrêt du cœur. La mort est là qui me regarde, ma gorge est serrée, la nausée : on a fait son boulot. Pierre ferme ses yeux. Nous allons voir son mari. L'époux est calme, Pierre s'assied en face de lui et lui explique : « elle est morte, on n'a rien pu faire ». Moment si brutal, il n'a pas osé lui prendre les mains, le réconforter de peur peut-être que son amour se heurte à ces mains mensongères. Une mort banale, brutale et combien seule. Dans ces moments, tu comprends ce qu'il ne faut pas faire.

Le « tu es » est devenu « nous sommes ».

C'est en fait l'histoire de ma vie. Le droit de tuer ? La transgression de l'interdit du meurtre ? Non, le droit de laisser mourir en accompagnant, de ne pas prolonger inutilement, de laisser s'en aller en bonté d'âme, de cœur, de tripes. La deuxième version, c'est la version du bourreau, du gamin qui se fait sauter, ce n'est pas le droit de mourir, ce n'est pas aider à mourir. Le geste change tout ; c'est l'injection létale, l'injection qui tue. C'est la position de mettre fin aux jours de l'autre dans un geste faussement compatissant. C'est la main qui devient fusil. Sans doute, le lien qui relie le cœur à la main de l'homme a-t-il disparu par manque d'amour, par perte d'humanité. Ce geste qui te prend la main remonte à tes tripes, te retourne le cerveau, te pousse à la bouteille. Ce geste que tu sauras refaire, tu es devenu tueur.

Je sais, certains discuteront la faible différence entre « Je laisse mourir, j'arrête les soins, j'accompagne, je ne prolonge pas, j'aide » et « Je tue par acte déterminé ». Je légitime le droit de tuer ; et ce droit-là me fait gerber ! Non, le geste d'accompagner, de limiter les soins, d'apporter du confort n'est pas le même et la seule différence entre ces deux gestes, c'est l'acte d'humanité permettant à la mort, sinon d'être belle, du moins d'être supportée. C'est respecter l'interdit du meurtre, inscrit dans le serment d'Hippocrate pour ne pas transgresser l'impératif éthique fondamental.

Ce serment[1], nous le prêtons lors de notre passage de thèse, lors d'une cérémonie encore protocolaire. Pour certains, il se déclare seul devant nos maîtres porteurs de leur toge rouge cramoisi en présence de nos proches ; pour d'autres, il est plus collectif. C'est un moment d'émotion, solennel. Nous devons le connaître, car il permet de cerner notre engagement, mais aussi de nous orienter lors de certains errements

1. Serment d'Hippocrate, publié le 22/03/2019, par le Conseil national de l'Ordre des médecins.

ou de définir nos prises de position. Il précise certaines règles de notre exercice, et je vous assure que les réciter à voix haute dans l'amphithéâtre en présence de ses pairs est un moment plein d'émotion. C'est au cours de ce cérémonial que nous recevons notre titre de docteur en médecine. Il précise notre souci d'accompagnement et de vérité, notre engagement vers la qualité du soin et du service rendu, mais aussi notre relation à la souffrance et à la mort.

« Je ferai tout pour soulager les souffrances. Je ne prolongerai pas abusivement les agonies. Je ne provoquerai jamais la mort délibérément. »

Son déroulé nous amène à comprendre notre engagement :

« Au moment d'être admis(e) à exercer la médecine, je promets et je jure d'être fidèle aux lois de l'honneur et de la probité. »

« Je respecterai toutes les personnes, leur autonomie et leur volonté, sans aucune discrimination selon leur état ou leurs convictions. J'interviendrai pour les protéger si elles sont affaiblies, vulnérables ou menacées dans leur intégrité ou leur dignité. Même sous la contrainte, je ne ferai pas usage de mes connaissances contre les lois de l'humanité. »

« J'informerai les patients des décisions envisagées, de leurs raisons et de leurs conséquences. »

« Je n'entreprendrai rien qui dépasse mes compétences. Je les entretiendrai et les perfectionnerai pour assurer au mieux les services qui me seront demandés. »

Car oui, nous sommes humanité et oui, nous le restons. Oui, la mort, lorsque je l'ai rencontrée, chaque fois m'a fait mal. Oui, parfois, elle m'a poussée dans les excès, la vitesse, le sexe, l'alcool. Simplement pour peupler d'amour une conscience ravagée par le doute, ravagée par l'absurdité, ravagée par l'incompréhension face à cette grande dame noire. Les Suisses ont compris ce paradigme de mourir et tuer, ils ont supprimé l'action finale du tiers. Dans leur droit de mourir dans la dignité, ils t'amènent et t'encadrent sur ce chemin, mais le geste ultime, tu dois le faire seul, en présence d'un représentant de la loi. Il n'y a pas de geste actif, personne ne le fera pour toi ; avaler ou ouvrir la perfusion, c'est ton choix. Jamais ce ne fut le sentiment d'être le bourreau, de faire le geste : qui appuie sur la gâchette de l'arme ? Celui qui tue. Toujours, si possible, garder la confiance, la dignité, l'humanité et la vérité. Peut-être garder un repère éthique. « Laisser mourir et non faire mourir. » Ne banalisons pas la mort en la voyant tous les jours en boucle sur les écrans, les journaux. Le geste actif est inacceptable, ne le tolérons pas, car nous ne nous en relèverons pas, nous ne survivrons pas. Plus de bourreau, plus de peine de mort. N'acceptons pas ces images qui banalisent, faisons le chemin de conscience vers l'acceptation de la mort comme partie de notre vie. Accompagnons vers l'issue finale, ne la prolongeons pas, ne la réfutons pas, acceptons et aidons s'il le faut le départ dans la bienveillance. Essayons d'être plus honnêtes, plus intimes pour rester dans le sens de la vie : vivre, aimer et accepter.

4

Médiane de survie : 3 mois !

J'ai poursuivi ma formation, tranquillement, alternant les épisodes de victoires et de défaites. Comprenant parfois le rythme imposé par la belle avec sa faux, rejetant parfois ces sentiments de trouble, de doute qui m'envahissaient. Gardant souvent pour moi ce combat intérieur, ces fêtes entre amis, ces nuits avec ta chérie où la mort qui rôde en toi vient te retourner la tête pour te rappeler tes échecs. Ce chemin lent où tu comprends que tu n'es pas coupable, mais que, bien au contraire, de ton humanité dépend la fin de l'histoire.

Et puis le temps passe, les esprits se forment, les désirs se confirment, la conscience mûrit, la motivation se transforme en vécu. Spécialité d'anesthésie-réanimation en cours, je pars au service militaire : le bord de la mer, Toulon. C'est la belle vie. Responsable d'un service de réanimation militaire, je m'éclate, j'encadre, je forme. Avant de partir, je me suis acheté ma première voiture, une vieille occasion, un cabriolet Alfa Roméo, j'en suis fier. Le week-end ou le soir, dans mon petit cabriolet, je vais traîner, faire le beau sur les plages. La belle vie, boulot, fête. Même la mort a pris un peu de distance ou peut être ma carapace est-elle si forte qu'elle me touche moins ou que je me le cache. Tout est tranquille, je vis, je profite et cela pourrait continuer ainsi.

Alors que tout va bien dans cette phase de liesse, de réussite, un cancer du sein a été découvert chez ma mère. La mort m'a pris de travers, par-derrière, et revient me frapper, elle existe au-delà de mon boulot où je la connais et arrive dans ma chair où je la découvre. Traitement précoce, chirurgie, radiothérapie, tout va bien sauf peut-être ces métastases qui ont envahi ses os. Des fulgurances douloureuses qui remplissent sa vie, ses moindres gestes. Chaque moment est souffrance, la peine est devenue une amie du quotidien, chaque geste est compté, détaillé vers le moindre effort, vers la moindre consommation de cette énergie vitale qui se consume dans la lutte contre la douleur. Je rentre la voir, deux week-ends par mois.

Elle souffre tellement, mais son médecin traitant refuse de prendre en charge la douleur en lui prescrivant de la morphine : « Il ne faudrait pas qu'elle devienne toxicomane ! » Mon patron de l'époque m'offre, avant chaque retour à la maison, une petite poche avec des ampoules de morphine. Ainsi, par la bienveillance d'une infirmière, elle peut être soulagée. Encore un homme plein d'humanité qui m'a apporté bien illégalement ce que d'autres lui refusaient. Le temps passe, radiothérapie, repos, radiothérapie. Incurables métastases qui touchent son bassin, sa colonne vertébrale, son fémur. Inclassable douleur qui fait augmenter la morphine chaque jour pour survivre. Et puis la vie qui continue, absurde mais belle, peut-être encore rythmée par des excès qui te permettent de croire que la face noire n'existe pas et que tu retrouves cependant au plus profond de tes cauchemars avec un mal de tête effroyable et la gueule de bois.

Maman se plaint depuis plusieurs semaines de maux de tête, parfois violents, souvent présents. Ils ont suivi le lot des douleurs communes, chroniques, lancinantes, toujours présentes, jamais oubliées. Ils offrent des moments de répit, rares, où la vie reprend : bel intervalle de quiétude sur cet océan de souffrance. Déjà deux ans qu'elle se bat contre cette merde. Une amie médecin lui a fait passer un scanner du crâne, les résultats sont rassurants, le radiologue qui l'a vue lui a dit que tout était normal. C'est le week-end de Pâques, je rentre en famille, rassuré par les échanges téléphoniques, on va déjeuner tous ensemble, mon père, ma mère, ma sœur et moi, on ira peut-être chercher des œufs dans le jardin !

Dès mon arrivée, elle m'accueille heureuse, le repas est presque prêt, nous allons passer à table. « Attends », me dit-elle, « je vais te montrer mon scanner, il est normal ». Elle s'éloigne et revient très vite, je n'ai pas remarqué le regard de mon père, un peu trop bas, la tristesse de ma sœur un peu trop dans la souffrance. Son sourire m'offre ces images, heureuse, elle me tend les photos, rassurée, tout va bien.

Souvenez-vous, je suis docteur, je sais voir, je sais soigner. Je suis dans cette famille l'unique qui peut, et qui va, sourire et dire encore une fois tout haut : « tout va bien ». Je regarde avec insouciance les images, je vois ce cerveau détaillé par le scanner, je vois ces petits nuages floconneux partout qui survolent le ciel de son cerveau, qui s'entremêlent en conscience dans son esprit. Je vois le parenchyme cérébral (le tissu du cerveau), opprimé, poussé par toutes ces tâches qui veulent le faire partir, je vois ma copine la mort qui sourit comme la faux dessinée de son cerveau. Je vois partout, partout, partout et encore des métastases. Mais comment fait-elle pour vivre avec ça, comment ? Elle est penchée sur moi, douce mère attentive, elle sait mon regard, mes yeux, elle sourit, ravie du diagnostic posé antérieurement, tout va bien. Je n'ai qu'à confirmer. Je ne sais quelle force absurde m'a aidé à relever la tête. Il est des moments comme celui-ci ou il n'y a pas de raison, simplement de l'amour, de la compassion, de la peur. J'ai alors relevé la tête, soutenu son regard perdu dans le mien et qui le connaît si bien, ce regard qui ne ment pas. L'homme de science fort de sa culture, l'homme ou l'idiot. J'ai soutenu son regard, et d'une voix tendre et aimante, j'ai confirmé le diagnostic posé par mes confrères, non il n'y a rien, tout est normal. J'ai ressenti son soulagement, la réponse qui apaise et qui apaise tout le monde, la réponse volée.

Dès ce moment, je savais qu'il fallait que je partage cette peur qui m'envahissait, cette lucidité qui vous rattrape et vous fait comprendre que la fin existe. Sans fin, par faim, nous avons déjeuné tous ensemble. Dans mon souvenir, ce repas fut lent mais agréable, plein d'échanges et de discussions sans substance. Mais comment trouver de la substance au-delà de sa propre peur ? Puis vint l'heure du café au salon, nous nous déplaçâmes avec mon père, je le poussai dans un coin : « Je dois te parler », son regard, sa tristesse. Un seul mot, une phrase : « Je sais, son médecin m'a appelé. » Tant de peur et de douleur entre nous et ce sourire à maintenir. Tant de questions : pourquoi ce mensonge ? Qu'allons-nous en faire ? Comment un médecin, et je ne dis pas confrère, a-t-il pu faire cela ? Discussion courte, décision rapide, amour commun.

On laisse passer le dimanche de Pâques, ça ne changera rien, et on lui en parle lundi pour préparer une prise en charge adaptée, pour partager, pour pouvoir vivre.

Mais mon amie avec sa faux était derrière la porte. Un bruit sourd, le cri de ma sœur. Nous nous précipitons, Maman est par terre, son corps est animé de soubresauts, indomptable, tremble de façon ininterrompue. Elle a perdu ses urines qui font une tache incongrue sur son legging. Cerveau, métastase, crise d'épilepsie, le chemin est clair. La violence du choc, la réalité du mensonge qui te rattrape, merci aux cons… va falloir gérer. Appel du SAMU, présent dans les dix minutes, maman ne convulse plus, elle est par terre inanimée, respirant bruyamment, déjà dans un autre monde.

Un dialogue de pair, un médecin humain compréhensif, habitué peut-être. Il retient l'histoire, il regarde le scanner, il comprend : « On l'amène à l'hôpital où elle est traitée, pas de machine pour respirer, pas d'acharnement, compte tenu des lésions, si elle s'aggrave on laisse faire. » On n'est plus dans le droit de tuer, on est dans le droit de laisser faire. On est dans l'humanité retrouvée quand le mensonge te faisait perdre la tête et que cet homme t'ouvre la passerelle de l'échange. Soulagés, nous les laissons partir et les suivons en voiture. Soulagés, oui, car enfin quelqu'un comprend, prend la main qu'on lui tend, prend ta peine avec lui et l'embarque. Merci cher inconnu. Merci.

Je ne vous raconterai pas le trajet, le silence des mots, l'incongruité de la vie. La mort dont on parle, la souffrance qu'on évoque. Je ne parlerai que de l'union sacrée d'une famille dans la peine et dans sa réalité. Service de cancérologie, le médecin de garde nous reçoit, il confirme le diagnostic : cancer du sein, métastases osseuses partout résistant au traitement antidouleur, douleur permanente, métastase cérébrale, coma, épilepsie. Il parle clairement, il parle humain. « On va laisser ainsi, éviter la récidive des crises avec un traitement médical, mais on ne va rien faire de plus compte tenu de l'état avancé de la maladie, on va lui apporter du confort. » Et nous rentrons chez nous. Il n'y a pas de mots pour décrire la douleur, pas de mots pour décrire la brutalité du moment, pas de larmes pour pleurer autant. Je crois que nous avons mangé au restaurant. La nuit fut nuit, le week-end fut peuplé d'allers et retours à l'hôpital sans changement.

Le lundi, nous sommes convoqués par le chef de service de cancérologie. Nous arrivons forts de nos maux et encore emplis des mots de nos correspondants médicaux. L'homme est pressé, important, il nous reçoit dans le couloir… Peut-être pour éviter que les familles ne hurlent. Le ton est clair, le diagnostic précis : « Nous avons démarré en urgence une radiothérapie, nous ne pouvions la laisser s'en aller, nous avons une alternative de traitement. La radiothérapie sur son crâne peut faire diminuer l'œdème, ça vaut le coup de tenter, elle va peut-être sortir du coma. Sur son cancer, on ne peut rien faire donc ça ne change rien à l'étendue des lésions. »

Nous sommes surpris, ce discours est différent, je vois les phrases qui se forment dans la tête de mon père : « Alors il dit qu'il ne peut rien faire, que le cancer est très évolué, qu'il ne la guérira pas, qu'elle ne sortira peut-être pas du coma, mais qu'il essaie ce traitement qui ne changera pas le fait qu'elle va mourir, qui ne changera pas le fait qu'elle souffre le martyre, mais que dit-il ? » Et la question qui suit se forme dans son cerveau, arrive dans le mien, tourne en boucle au-dessus de nos têtes, descend vers sa bouche et à présent je l'entends : « Et en pratique, ça veut dire quoi, elle va vivre plus longtemps ? Ou plutôt elle risque de mourir quand, parce que, là, elle devait mourir dans les jours qui viennent, donc que devons-nous comprendre ? » Ce jour-là, ce moment-là, j'ai compris ce qu'était un vrai docteur. Le « connard » dans toute sa splendeur, du haut de son titre de cancérologue, qui décide de ton avenir en deux minutes dans un couloir. Lui, il ne t'a pas pris la main, il ne s'abaisserait pas à être humain. Lui, il t'amène la mort par la porte de secours, la sienne, celle qui lui permet de se regarder dans toute sa honte et de se trouver beau. Il s'est rajusté, ressaisi, dans ce couloir impersonnel, il nous a toisés. La leçon fut donnée : « La médiane de survie est à 3 mois... »

Vous imaginez ma mère en médiane, mon père expert en géométrie ! Puis, clairement, il a continué : « En gros, elle ne vivra pas plus de 3 mois. » Alors mon père simplement : « Mais si elle allait mourir, pourquoi essayer un traitement qui marchera peut-être et la remettre trois mois de plus au maximum dans son monde de douleur ? » Sa réponse fut claire : « Simplement parce que moi, monsieur, je suis médecin et je suis là pour soigner, pas pour tuer... » Évident, non ? Le droit de tuer... et le droit de laisser mourir ? Le droit de tuer ce jour-là ne nous a pas fait sourire !

Ce que nous ne savions pas, en fait, c'est ce que cela sous-entendait : au bout de trois mois, la moitié des gens atteints de la même maladie seront encore vivants. Cette affirmation, pleine de sens pour un épidémiologiste, est dénuée de toute signification pour l'individu puisque l'enjeu est binaire. En gros, quel que soit le résultat (vie ou mort), la traduction de son propos au niveau individuel voulait dire pour maman 100 % vivant ou 100 % mort.

Mais nous ne savions pas. Et la vie a continué. Ce qu'il avait dit arriva, elle récupéra de son coma. Maintenant, elle nous recevait tous les jours avec le sourire, parfois comme avant, elle se tordait de douleur, mais elle vivait. Elle souriait souvent, demandant des fraises, du coca, des gâteaux à ses visiteurs. Ses visiteurs, c'étaient nous, mais elle ne nous reconnaissait pas, elle était « frontale », comme ils disaient.

« Frontale », ça veut dire que toutes les inhibitions sont levées. Alors on vous met une couche, car vous vous faites dessus, on vous attache un peu, car vous n'êtes pas cohérent, vous ne reconnaissez pas vos proches, mais quelle importance, vous hurlez quand vous avez mal, car vous n'avez plus de barrière, vous crachez en mangeant ou vous bavez. Bon, allez, soyons rassurants, « trois mois » il a dit, hein Papa, « trois mois » il a dit le docteur. Alors, attendons... et les mois sont passés assez vite, la vie a repris son cours.

Mais au fait, comment fait-on après trois mois d'expérience surnaturelle ou finalement vous comptez les jours de souffrance ? Comment fait-on quand la date limite de consommation est passée ? Eh bien, chaque jour, simplement, on pense que ce sera demain, on se prépare à être appelé et on attend...

Au bout de trois mois, comme elle n'avait pas récupéré une conscience normale, comme elle hurlait seule dans la nuit et parfois le jour, comme elle était incontinente, comme elle ne marchait pas, comme elle ne faisait pas sa toilette, comme elle ne pouvait pas rester seule, ils ont décidé de la renvoyer à la maison.

Et là, le docteur, l'homme de science vous explique que le traitement a marché, que peut-être ça peut durer, mais qu'elle doit rentrer chez elle pour retrouver ses repères. Et on dit quoi ? « Merci docteur. »

Heureusement, nous avons pu trouver une maison de rééducation qui a accepté de la prendre en charge, pendant encore trois mois, puis elle est revenue à la maison. Elle avait récupéré un état de conscience satisfaisant, elle nous reconnaissait, elle n'était pas autonome, elle souffrait beaucoup, elle avait besoin d'une personne en permanence. Alors on s'est organisés, Papa dormait au premier, on avait aménagé une chambre dans le salon, car elle ne pouvait monter l'escalier. Ma sœur a arrêté de bosser et s'est installée à la maison.

Et chaque jour, nous attendions que cela cesse.

5

Sur le chemin, des corps et des chiens

L'apprentissage de la médecine, la fin du service militaire en réanimation, l'internat de spécialité. Des camarades d'internat, des retours à Paris pour voir ma mère, des moments de douleur entrecoupés de fuites dans les rêves chimériques, de ces quêtes d'amour liquides. Et puis toujours cette envie de se sentir utile, aimé ?

L'humanitaire, pourquoi pas. Un rêve d'enfant, se sentir utile, une opportunité *a priori* impossible. Des réanimateurs, on n'en a besoin que dans l'urgence, alors attendre. Soudain Téhéran, tremblement de terre, juillet 1990. Ce soir-là, devant ma télévision, un simple ressenti : « Je dois y être. » Appel à Médecins du monde, cellule d'urgence : « Tu es dispo ? départ demain. » Ainsi ma vie se profile, belle…

Quelques arrangements de dernière minute, un patron qui conteste mon départ : opposition entre mon désir et la réalité, dérisoire. Convocation chez le patron : « Jeune interne, tu délires, pas de possibilité de te libérer du temps… pose des vacances ou reste ici. » Les collègues plus présents, compagnons de route, solidaires : vacances posées. Premier départ, Iran tremblement de terre. Un itinéraire qui prend sa forme, une vie qui trouve son sens, aider, soigner… Une expérience, la rencontre avec la terre qui tremble, la mort, la peur. Aussi la rencontre avec l'humain, l'effroyable qui t'entoure et lie ton équipe au-delà de ce que tu connais. Cette fusion humaine qui dépasse l'horreur que tu traverses.

Et puis le retour, seul avec ma mémoire. Les choses qui soudain se précipitent, deux mois de répit, septembre. C'est la guerre au Libéria, des populations fuient des massacres. Le collègue logisticien en Iran m'appelle : « Tu es dispo ? On part. » Là, on ne joue plus dans la même cour, ce n'est plus la catastrophe naturelle, c'est la guerre. Une peur qui te noue le ventre, mais le sentiment que tu dois le faire. Cette impérieuse nécessité dont nous avons déjà parlé, cette évidence.

Je rentre vite fait à Paris voir Maman. Elle est toujours alitée entre ses souffrances et ses espérances, le temps a passé, n'apportant aucune résolution. Mais toujours le mensonge initial : elle ne sait pas, on sait, on attend la mort sans le dire. Mort de notre inconscient, mort de notre présent, mort de notre vie, échange absurde. Absurde comme cette discussion : « Maman, je vais partir pour une autre mission humanitaire, cette fois c'est le Libéria. » Comment oublier ce silence… Affaissée, elle se tasse encore et murmure : « Si tu m'aimes, tu ne pars pas, j'ai trop peur, et si tu ne reviens pas ? S'il m'arrive quelque chose ? » Comment vous dire ce que je considère peut-être encore aujourd'hui comme de l'orgueil, mais aussi comme le piège du mensonge. Comment dire : « Je ne pars pas, car tu risques de mourir… » et qu'elle ne le sait pas. Alors j'ai continué : « Je vais partir Maman, il le faut, c'est mon chemin. »

Ce jour-là, ses mains prirent les miennes, ce lien si fort qui nous unissait, cette étreinte du cœur. Quatre mains entrelacées dans un silence de vie, la main qui répare et qui soigne. La quitter ce jour-là sans savoir. Jouer la vie, assumer l'impensable culpabilité !

Cette histoire, j'ai mis 20 ans à pouvoir en parler, ces douleurs, ces ressentis étaient enfouis au fond de moi. Je n'avais jamais regardé aucune photo, black-out total. Libéria, la guerre, l'horreur. Une équipe est déjà sur place, mais demande à revenir en urgence. Nous la rencontrerons là-bas pour faire le point. Médecins du monde : départ immédiat, heureux, fier, tremblant. Je ne boude pas mon plaisir de dire oui, de participer à cette aventure humanitaire. Je connais, une fois accepté, l'angoisse qui me prend jusqu'au départ, plus de nuit, seulement des questions : suis-je à la hauteur ? J'ai peur, saurai-je le faire ? Les heures passent et enfin. Embarquement pour la Côte d'Ivoire, une équipe solide, un briefing parisien, un cadrage complet.

À l'arrivée à Dakar, nous rencontrons l'équipe partante. En fait, nous retrouvons l'anesthésiste et l'infirmière qui rentrent en France, le chirurgien reste avec nous. L'équipe que nous croisons est pâle, silencieuse, presque tremblante. Ils ont été bloqués à la frontière avec le Libéria, quelques jours, ils ne peuvent rien exprimer, ça ne sort pas. C'est une transmission surnaturelle sans mot, des embrassades longues, des regards mesurés, la peur, la tétanie. Ils ont vu des morts partout, rien pu faire, pas pu soigner…

Le chirurgien présent, Jérôme, a fait plusieurs conflits, il connaît, il nous rassure. Il confirme : « Il faut y aller, c'est la guerre, on ne peut pas les laisser crever. » L'équipe se soude, se structure, je deviens anesthésiste en chef, enfin en chef de moi : seul. Les choses sont claires : « Nous ne céderons à aucun chantage. S'ils nous bloquent à la frontière, on fera demi-tour, pas de fouille. » Une équipe complète, un chirurgien fort d'années d'expériences humanitaires en conflit armé (je te vois encore aujourd'hui de temps en temps à la télé lors de conflits récents, tu n'as pas changé !), une panseuse confirmée, un logisticien et nous voilà en route vers Danané.

Je garde encore un souvenir ému du poulet grillé bicyclette, mangé sur le marché le matin. Je ne sais pas pourquoi, un mélange d'odeur et de peur de ce qui m'attend, le plaisir des papilles ou le goût t'emplit intensément, profondément. Ce poulet qui devient ton plus beau souvenir, la vie, l'odeur, le plaisir, le sourire, avant l'inconnu. J'en rêve encore. Peut-être ce poulet n'est-il que le sens de la vie, de l'échange, ce plaisir de manger calme et heureux entre amis, plaisir de vivre avant la peur.

Nous quittons la Côte d'Ivoire, Danané, pour entrer au Libéria. 4X4 chargé de caisses de médicaments, équipe en forme. Une frontière hallucinante, la jungle qui s'ouvre devant la piste, un pont en bois immense et de l'autre côté un poste-frontière. Nous sommes sûrs de nous, inquiets, mais fiers de ce que nous accomplissons, inconscients peut-être... Contrôle des passeports, nous sommes prêts. « 3 heures d'emmerde pour la dernière équipe, alors si ça recommence, on rentre à la maison. » Contrôle des passeports, ils sont jeunes et beaux, ils regardent nos papiers. Je ne regarde pas la mitraillette qu'ils portent à la main. Contrôle OK.

On va démarrer et là le chef pose la main sur la vitre ouverte : « Il faut vérifier les malles. » « Non, on est des humanitaires, on vient vous aider. Vous voulez ou vous ne voulez pas, pas le même cirque qu'il y a deux jours avec l'autre équipe. » Silence... Je sens sur ma tempe le froid du canon de la mitraillette, il n'y a plus de questions, que des ordres. Jérôme au volant ne dit rien, sa main se pose sur ma cuisse, silence. Le gamin qui me braque sourit, tout va très vite. Ils montent dans la voiture, nous poussent, nous demandent de démarrer. Je tourne la tête pour voir le pont que nous venons de passer, comme dans les films : petit ralenti, pensée rapide.

« Donc si je cours très vite, je pousse la portière, renverse le garde, je peux retraverser ou la balle ira plus vite que moi. » Attends, il est beau ce pont, on dirait la rivière Kwaï. Je n'ai pas bougé, j'ai gentiment fermé ma gueule.

Cette histoire devait figurer ici, car elle est le ressenti que la mort peut être et sera. Elle est cette violence que les nombres égrenés ne peuvent faire comprendre. Elle est unique. Sensation étonnante, ce n'est plus la mort des autres, c'est la nôtre, celle que je n'ai pas sentie venir, mais qui est là et ne prévient pas. Notre voiture prend une autre allure, silence total, soldats en armes entre nous, fusils braqués. On s'est fait de nouveaux potes... Tu te tais, tu te fais dessus, cool, non ? Les voitures s'arrêtent, nous sommes devant une belle maison vraisemblablement symbole d'une présence pseudo-coloniale récente. Ils nous font sortir des autos, nous poussent à l'intérieur, un garde devant la porte, d'autres autour de la maison. Le verdict est clair, nous sommes otages...

Deux éléments se retrouvent ici : la peur insondable, effrayante, irraisonnée et l'humanité de cette équipe. Des inconnus qui, devant l'enfer extérieur, créent le bien-être intérieur, essaient. Je savais la peur de la mort, celle de mes patients, de mon vécu. Je ne savais pas la peur de l'attente, l'isolement, l'angoisse. Ces nuits où nous avons tous dormi ensemble dans le même lit, serrés les uns contre les autres par désir de vivre, d'aimer, nous n'étions qu'un corps fait de tous les otages que nous représentions. Un corps, une peur, une âme. La peur de la mort, la vivre, y survivre en aimant. Combien d'entre nous ont craqué pendant ces trois jours et trois nuits… La cigarette que tu partages, la ration que tu partages, la couche que tu partages, l'amour qui t'unit dans la terreur.

Chaque jour, ils nous autorisaient à nous promener autour de la maison. Et là, moi, soignant, je découvre des corps, des corps blessés et morts, comme abandonnés, des corps que leurs blessures n'auraient pas dû tuer, mais qui ont été abandonnés par la fatalité : « Tu es blessé : tu meurs, tu n'es pas blessé, tu combats ; le destin. » Chaque jour dans ces promenades, l'arme du garde braquée sur moi, j'ai espéré que le coup ne parte pas.

Autour de moi des corps, sur le chemin des corps et des chiens… des chiens qui mangent ces corps dans l'indifférence générale. Des insultes à ma mission de soin, puisque je ne peux pas soigner. Des morts placés là où ils sont tombés, exécutés, des guerriers de 16 ans, des vieux, des hommes que le destin a choisis ainsi sans prévenir. Blessé donc mort, tué deux fois : par le fusil et le destin ou la fatalité. Cette histoire place la mort dans toute son inhumanité, la mort innommable, inacceptable. Celle qui hante mes cauchemars, celle qui me fait pousser ce cri quand je la vois banalisée. Parce que, une fois dans ma vie, la mort sans humanité, je l'ai rencontrée.

Des souvenirs qui me rappellent la main qui se tend. Tu sais, cette main qui, d'homme à homme, relie le cœur au cœur. Dans ce cœur à corps, la main s'est désunie. Elle est main porteuse de l'arme, elle s'est affranchie de son lien d'humanité. Si l'amour est le seul lien qui retient la main, alors quand celle-ci porte le fusil, il est clair que quelque chose s'est déconnecté. Droit de mourir, droit de tuer ? Au milieu de ces maux sans mots, je reprends mes esprits, je révise mes perspectives, je suis là pour soigner : soigner veut dire agir. Mais nous n'agissons plus, simples spectateurs de notre ennui, simples gestionnaires de nos peurs.

Un matin à six heures, la porte s'ouvre, un soldat enfant, le visage couvert d'un masque de carnaval, 1 m 50 à tout casser, avec une mitraillette à la main. Il court partout, criant, il faut sortir, partir, tout de suite. Nous sortons, inquiets, curieux ? Je ne sais plus. Ils nous enfournent dans nos voitures, l'un d'eux conduit, un autre à l'arrière porte l'arme. Nous, entassés autour du dernier, nous nous serrons de peur de les toucher. C'est absurde, les voitures roulent à vive allure, le jour est levé, le soleil se cache des nuages, la pluie apparaît puis s'en va, la route est longue, sans un mot, sans explication. Les voitures s'arrêtent sur une place de village, on nous fait sortir. Je découvre une scène irréelle : des centaines de soldats, des tirs ininterrompus, de la musique, des sourires. Nos geôliers s'approchent de nous, sensation bizarre du dernier jour, nos corps se serrent les uns contre les autres. Ils sourient, lâchent quelques rafales en l'air et puis trois mots :

« Go, you can go, go ». À ce moment, je l'ai regardé, fixé, je ne savais pas si ce gamin allait nous tirer dans le dos ou nous offrait la liberté. Mais, nous ne le savions pas, Taylor avait gagné. C'est cette porte qui s'est ouverte, nous étions libres, tout le monde tirait en l'air en musique. Quelques cadavres éparpillés, la mort en pleine gueule.

J'aime ce sentiment d'Afrique quand ton corps danse spontanément, étonnant. Les fusils amenaient le rythme et tu dansais. Nous avons repris les voitures, pour nous éloigner, nous nous sommes arrêtés. On a déployé le téléphone satellite pour appeler Paris : « Nous sommes vivants, tout va bien, on continue… » « Tout va bien, on continue… »

En fait, je crois qu'il fallait conjurer le sort, nous avions vu tant de morts, eu si peur, il fallait que nous soyons utiles, que nous mettions de l'humanité dans ce désordre, il fallait. Direction Monrovia, avec nos deux jeeps. Tout le pays à traverser, en gros dix à douze heures de route. Taylor a gagné, ce devrait être calme. En fait, tous les dix kilomètres, il y a un checkpoint, un fil de fer barbelé tendu au travers de la route. On s'arrête, un gamin arrive avec sa mitraillette, il nous met en joue puis abaisse le fil de fer et on passe. En fait non, il nous met en joue et crie « Cigarette ! » Alors je cherche dans ma poche la clope sauveuse et lui donne, il rit, je regarde son doigt trembler sur la gâchette. L'arme finit par se baisser et alors seulement il descend le fil de fer. On passe, enfin, mais ça recommencera toutes les 20 minutes, jusqu'à Monrovia. Chaque fois, ma main se pose sur le paquet de clopes, la clé de la survie. Ce jour-là, j'ai juré de ne jamais arrêter de fumer !

Soudain, sur la route, ou plutôt sur la piste, une bosse, un creux et l'autre 4X4 s'envole. Il se retrouve en contrebas, deux roues posées dans une rivière. En quelques instants, nous arrivons sur place et retrouvons les occupants, sains et saufs. Il faut treuiller le véhicule pour le sortir de l'eau. Je cherche notre infirmière. Elle est prostrée à l'écart, tremblante. Je m'approche, pensant comprendre son émotion, la peur après l'accident. Elle est très pâle et frissonne de tout son corps, aucun mot ne peut sortir de sa bouche. Malgré ses tremblements, elle montre du doigt le véhicule dans l'eau. « Là, là. » Je regarde la rivière, la voiture dans l'eau. Tout autour flottent des corps, des humains gonflés par le soleil, tantôt sur le dos, tantôt sur le ventre. Indescriptible image d'un cimetière marin. Des multitudes de corps abandonnés au soleil, à l'eau et aux chiens. Cette mort qui dérive et se compte, un puis deux, puis trois… Chaque mort est un poids supplémentaire, stigmate de notre inaction, chaque mort est un affront à notre humanité. Aucun amour des corps ; pas de sépulture, rien que des corps. 1. 2. 3. 4. 5…

La mort qui, d'un coup, nous rappelle ce que nous sommes. La mort que je connaissais pourtant, mais que je n'avais jamais imaginée ainsi, sans humanité en plein soleil. Jour de victoire pour les uns, de liberté pour nous. Quant à eux, dans l'eau, innommable destin. Ce jour-là, le droit de tuer… J'en aurais perdu la tête. Qui peut ainsi décider, appuyer, tirer ? Qui peut vivre avec cela ?

Plus de 20 ans ont passé avant que je ne puisse raconter ce voyage.

Arrivée tardive à Monrovia. Nous allons à l'hôpital, il fait nuit. Éclairés de nos lampes frontales, nous rentrons dans un endroit sans nom où survivent des malades sans nom, sans perfusion, sans lit, sans couverture, sans médicament. Un hôpital ravagé par la guerre où seuls restent ceux qui n'ont pas pu fuir, où les vivants ont tout volé, pillé, où rien ne reste. Alors nous posons des perfusions, donnons des médicaments, faisons des pansements. Et nous parlons. Nous installons les quelques lits que nous trouvons. Redonner un semblant d'humanité : un vague centre de soin avec des patients vaguement soignés.

Retour au camp de base, nous reviendrons demain, promis. Au camp, il y a des journalistes, d'autres humanitaires, des rires, des sourires, des pleurs. Il y a ce correspondant de guerre, journaliste de Reuters, un vieux de la vieille qui a couvert le Vietnam. Prostré dans un coin, il répète en boucle qu'il n'a jamais vu ça, jamais vu des enfants tuer, jamais vu des morts abandonnés, jamais vu un fusil qui tire avant même de savoir dans quel camp tu es, comme ça, pas pour protéger, pas pour défendre, pour tuer. Ce soir-là, nous buvons de cet alcool de merde trouvé je ne sais où, mais dont la chaleur te berce et te permet de sombrer dans le sommeil pour survivre à demain. Nous buvons avec lui, le vétéran. Il n'y a rien d'autre à faire.

Le lendemain, en route pour l'hôpital. La victoire a été bien fêtée, la route est jonchée de corps. Les chiens se promènent au milieu, ils n'ont pas faim, le garde-manger est là, grand ouvert. L'hôpital est quasiment détruit. Les blessés que nous avons soignés hier ? Certains ont pris une balle dans la tête. À d'autres, on a volé la perfusion. Les armoires sont encore plus vides et les morts plus nombreux. Les derniers blessés, les derniers vivants, ceux qui n'ont pu fuir, sont couchés au milieu des morts. Nous ne pouvons opérer personne, nous posons des pansements à tout le monde. Faire du propre, au moins. La voiture, dehors, est gardée par notre chauffeur. Il est tué d'une balle dans la tête. Incroyable misère de n'être pas de la bonne ethnie. Nous le découvrirons en sortant de l'hôpital. Les autres chauffeurs libériens nous poussent dans la voiture, nous ordonnent de fuir. La guerre dans toute sa beauté, sans musique.

Là-bas, nous avons rencontré la mort comme elle n'existait pas pour nous. Une mort indigne, une mort arbitraire, de celles qui fauchent à l'aveugle les jeunes comme les vieux. Une mort que tu ne peux comprendre. Tu peux accompagner, tu peux aider, tu peux. Tu ne peux pas prendre ce « putain » de fusil et appuyer sur la gâchette. La mort, l'antithèse de la vie. Elle se devait d'être racontée, elle aussi. La mort d'un, ou celle de mille. Parce que chaque mort vaut « UN », en majuscules.

Le retour s'est fait très vite, le Libéria, le pont de la rivière Kwaï, la Côte d'Ivoire, la France.

Nous devions être très éprouvés, car on nous a même fait voyager en première dans l'avion pour Paris. Et là, je t'assure que dans l'avion, dans ce confort douillet, les verres se sont alignés jusqu'à cacher les images qui te hantent dans un brouillard salvateur. Vapeurs dont seule ta tête se souvient au matin, comme un si mauvais rêve. Ce jour-là, j'ai su la difficulté du témoignage de celui qui regarde et n'agit pas. Nous devions soigner, nous avons regardé, nous avons souffert. La mort était plus que notre amie, elle était présence. Ceux qui donnaient la mort étaient des guerriers ? Non, des tueurs, enfants sans amour. Encore une fois, la vie alignait ses moments tous plus indignes. Venus soigner, nous étions témoins. Tuer restera, de ce jour-là, inacceptable, injustifiable, inepte. Ce jour-là, le droit de tuer. Pour qui, pour quoi ?

6

Alors j'ai pris l'oreiller

Enfin de retour à Rouen, reprendre ma vie d'étudiant, mon insouciance, mes études. Une expérience de plus au fond de notre cœur. Des mots qu'on ne pourra jamais dire, des moments qu'on ne pourra jamais partager. Une amie de l'époque avait voulu elle aussi partir en humanitaire. Guerre du Golfe, première mission en Jordanie, camps de réfugiés, souffrance. À son retour, alors qu'aucune prise en charge spécifique n'était organisée pour traiter les maux de cœur, elle s'était enfermée dans le silence. Elle continuait à travailler, mais ne pouvait partager avec personne ces moments si particuliers.

Ces moments où la souffrance frise l'intolérable, où l'humain devient ton seul rempart. Ces moments où les équipes se serrent les unes contre les autres pour avoir chaud, pour pleurer ou simplement se sentir aimées dans cet univers si hostile, si inhumain. Tu réalises en fait que personne ne peut comprendre. Alors, forts de nos expériences similaires, nous nous retrouvions quelques soirs pour parler et surtout pour se taire. Soirée de boissons, où quand les verres s'ajoutent, les corps se rapprochent, unis par cette découverte. Unis par cette souffrance de l'être qui nous a fait rencontrer l'inhumain. Unis par ce qui nous reste d'humain alors que notre cœur ne peut compenser les maux de notre esprit. Dans ces soirées où nous buvions, nous arrivions parfois à retrouver la possibilité d'oublier.

Nous connaissions la beauté de l'amour qui nous lie à notre exercice, nous ne savions pas la laideur du miroir quand la main se mue en douleur et que l'amour a disparu. Simplement, nous avions compris qu'il fallait accepter une réalité inenvisageable. On peut être humain et ne pas aimer, alors la mort ne se promène plus sur ton cœur, elle a pris ta main pour l'accompagner.

Face à ces contradictions entre le rêve et le réel, la vie suivait son cours. Comme le temps peut sembler rapide quand il passe et long quand il s'arrête. Le temps de l'amour, de la souffrance, le mètre étalon est cassé. Le temps de la mémoire qui reprend son temps pour reconstruire. Il s'est passé plus d'un an, quelques missions humanitaires, une année d'armée, quelques expériences de réanimateur en formation, la vie qui coule… paisible !

Et puis : Maman va de moins en moins bien, les douleurs sont réapparues, permanentes, tenaces, rebelles. Elle ne dit pas grand-chose, mais chaque déambulation amène son lot de souffrances ou prouve simplement l'impossibilité de son existence. Un jour, à l'apogée des souffrances, n'y tenant plus, nous la ramenons à l'hôpital. Le diagnostic est sans appel, il faut augmenter la morphine pour qu'elle ne souffre plus, elle ne peut quasiment plus bouger, ça fait maintenant presque deux ans que ça dure. Nous sommes rassurés, elle est entre de bonnes mains, elle va pouvoir se reposer. Le lendemain, alors que je suis à l'hôpital, le téléphone sonne, c'est mon père, il est avec elle. Il m'explique que le chirurgien vient de passer et pense qu'il va l'opérer d'une prothèse de hanche pour lui permettre de mieux marcher. Maman a dit que l'on faisait ce que je voulais : il veut la réponse ce soir.

À ce moment, on revoit toute l'histoire : le temps passé, les métastases multiples qui se promènent, la douleur qui ne fuit plus, la souffrance qui de quotidienne est devenue banale. Vous savez, ces métastases partout, colonne vertébrale, fémur, côtes, cerveau, une survie compliquée depuis deux ans dans la grabatisation et la souffrance sans aucun traitement curatif. Et là, vous réfléchissez : comment peut-on ne pas voir la réalité, est-on dans le droit simple de mourir, de baisser les bras, d'abandonner ?

Qui est ce con ? Pourquoi ? Envie de hurler. Je fais rapidement le tour de quelques confrères avertis ou plus expérimentés, simplement pour confirmer mon jugement. La décision est prise : pas d'intervention, pas d'acharnement. Simplement ce cri qui pousse : « Arrêtez ! » Je rappelle mon père pour l'informer de cette position. Il acquiesce, va prévenir le chirurgien et lui propose de laisser mon numéro pour en discuter de vive voix avec un confrère... Quelques heures plus tard, j'ai un vrai docteur au téléphone qui m'informe : « Au vu de votre décision qui ne correspond pas à nos choix, le service de chirurgie ne pourra pas garder votre mère, elle rentre à la maison demain. » Il est 20 heures, la nuit tombe, moi aussi encore plus bas, j'imagine ma sœur, mon père, je revois ce docteur chirurgien en blanc… Connard premier a trouvé son maître, la fuite devient guérison, l'humanité se perd dans nos larmes, notre impuissance. Pas de colère, pas de force pour. Je revois la faux qui se promène et Hippocrate qui la nargue.

Heureusement, notre réseau s'est remué et nous avons pu trouver un lieu d'accueil pour elle : un centre de soins palliatifs, nouvel univers d'accueil, nouveau chemin, nouveau mensonge. La mort n'est plus cachée, elle est présente, des gens charmants, des visiteurs compétents, un personnel dévoué. On t'explique que le soin palliatif est fait pour lui permettre de profiter le plus longtemps possible du temps qui reste. Si elle voit, on mettra la télé ; si elle entend, on mettra la musique, si elle aime un aliment on peut lui apporter.

Il ne faut pas tuer les malades, le droit de tuer, non, cependant on l'amènera au bout dans le meilleur des conforts, au bout.

C'est à partir de ces jours-là que j'ai encore mieux compris la différence entre le droit de tuer et le droit de mourir ! Le temps passe doucement, Maman dort beaucoup, elle est peu présente depuis un mois, elle est sous morphine (la dose suffisante pour vivre !), la seule dose quantifiée qui te fait survivre au même moment où tu pourrais mourir, mais ne t'y emmène pas, calcul machiavélique : profiter de chaque instant jusqu'au dernier souffle qui doit venir seul. Ses amies ne viennent plus la voir, elles ne peuvent plus, c'est au-delà de leurs forces. Même aujourd'hui, 25 ans plus tard, elles pleurent en évoquant ce moment.

Une nuit, mon père m'appelle, 150 km à faire, il faut aller à l'institut, elle va partir. Nous nous retrouvons à son chevet, l'infirmière nous informe que ça pourrait être ce soir. Nous sommes tous là, notre petite famille, à venir profiter de ce dernier soupir. N'oublions pas que je suis moi-même médecin réanimateur, nous sommes en larmes, mais presque soulagés, libérés. Nous rentrons dans la chambre, maman est endormie et respire tranquillement, elle fait quelques pauses respiratoires un peu longues de temps en temps. Nous restons une heure, seuls dans la chambre, puis je dis à mon père et ma sœur qu'il faut rentrer, que cela ne sera pas pour ce soir, pas possible en l'état. Je sais la respiration qui se pose, je sais tout cela, mais ça va encore durer. Et nous rentrons chez nous. Et dans les dix jours qui suivirent, ils nous ont appelés trois fois. Trois nuits à se déplacer, à constater qu'elle vivait encore et à rentrer se coucher, épuisés !

La deuxième fois déjà, elle respirait tranquillement, elle était inconsciente, elle vivait. De cette petite vie comme ils disent, prolongée pour pouvoir apprécier les doux instants de cette vie qui fuit. Quels instants, quels échanges, quels mots. Peut-être les ont-ils vécus, eux. Soins palliatifs : pallier la souffrance des proches, traiter jusqu'au dernier souffle, traiter… Un jour, dans un moment de présence lucide, une infirmière bienveillante a demandé à ma mère si elle était contente de me voir. Sa réponse simple et douce fut : « Non, car je sais qu'il sait. » À quoi cela servait-il d'attendre.

Alors, je suis retourné la voir seul un jour, je me suis assis à son chevet, ai imaginé la scène : « J'ai pris l'oreiller, je l'ai embrassée doucement puis j'ai appuyé l'oreiller sur sa tête pour qu'elle ne respire plus, pour que cela s'arrête, et j'ai appuyé, les larmes montaient et j'appuyais, puis mes bras ont lâché, je ne pouvais pas, et elle a repris sa petite respiration. » Impuissant face à sa douleur et épuisé de mes pensées, je l'ai embrassée et suis reparti. Ce jour-là, j'ai compris ce lien qui existe entre le cœur et la main, ce geste impensable où la main devient tueuse, mouvement impossible. Cette « mort donnée » comme une « manière de tenter de se placer au-dessus de l'inacceptable, dans la position de toute-puissance ».

Ce jour-là, je me suis planté à moto, je crois, ou était-ce un autre jour, en rentrant. Même pas mal. Même pas le droit de mourir, quel droit lui reste-t-il ? Ce jour-là, le droit de tuer, comme pour l'histoire précédente, ce jour, le droit de tuer, j'ai compris. L'incompréhensible droit alloué à certains de ne pas… et l'impossibilité pour d'autres de… C'est ce qui doit nous amener à aider, à accompagner, et non pas à octroyer une sorte de droit divin entres des mains bien intentionnées, celles de la science médicale ou de la croyance. Droit d'accompagner à revendiquer, droit d'accepter, droit d'aider. Ce jour-là, j'ai pleuré, j'ai bu, j'ai baisé…

Et puis, après quelques tentatives infructueuses, la faux, la belle, a gagné son combat et Maman s'est endormie. Enfin ! Enfin dit avec autant d'amour que nous pouvions en avoir. Enfin.

Maman s'est endormie. Alors, il fallut aller la voir, accepter son corps mort, constater son décès, vider sa chambre des quelques affaires qu'elle pouvait garder. Ce jour-là, ni mon père, ni ma sœur, ni aucun de nos amis ne purent monter dans cette chambre. Alors je suis allée la revoir, constater les dégâts du temps et de la souffrance. Apprendre ainsi que la mort non apaisée garde le visage de la souffrance. Comprendre que l'horreur du chemin passé, les douleurs vécues te font trouver ce moment beau car enfin il te délivre. Dans la froideur de cette chambre, j'ai pris sa main dans le silence. La chaleur, souvenir qui peuplait mon âme, était devenue froide, absente, lointaine, mais si dure. Pourrais-je un jour pardonner ?

Lors de ses obsèques, pas de mot ni de discours, un moment de recueillement sur la pelouse du souvenir où sont venus s'égrener les pétales de roses blanches qu'elle aimait tant. Ce jour-là, peut-être, quand, de sa présence forte sur moi, mon père s'effondra. Ce jour-là, peut-être, je compris qu'au-delà de sa souffrance, il m'avait serré dans ses bras, inondé de ses pleurs, et ce faisant, par son humanité qu'il laissait exprimer, confirmé ma réalité d'homme. Peut-être, grâce à ce don implicite, étais-je enfin devenu homme. Il me reste de cet instant au Père-Lachaise la mémoire de ce tapis de roses blanches et cette main serrée de mon père qui, au grand jamais, ne pouvait que me consoler.

Une leçon pourtant unique, le droit de mourir et aussi de vivre avec la mort. De mots en mots, d'année en année, de maux en maux, mon expérience, tout en me rapprochant physiquement de l'inéluctable et incontournable mort « la mienne », me permet de cerner cette complice assidue et vantarde.

Pour Pierre, la mort est intervenue avec le droit de laisser mourir et toujours dans la volonté de ne pas tuer. Celui qui tue à l'image de cet enfant guerrier a perdu tout humanisme, toute humanité, tout repère et devient apte à tuer. Maman, quant à elle, nous mène sur le chemin de la liberté de laisser mourir, d'accompagner.

Ces moments où le détenteur du choix, souvent médecin enfermé dans ses dogmes, peut décider seul face à l'incompréhension de ceux qui subissent et surtout du patient qui ne peut décider. Plus que donner la mort, on se trouve devant l'autorisation de limitation des traitements et de soins de confort. Agir contre l'obstination déraisonnable qui justifie le maintien des traitements.

Qui en est maître ?

Oui, je défends l'impossibilité de tuer ; oui, je me bats contre l'interdiction de laisser mourir. Maman plante le décor. Quand le tiers devient décideur, mais pas payeur. Est-ce que l'on ne pourrait pas légiférer pour interdire d'interdire de mourir. C'est la seule problématique. Certains discours, intégristes, souvent soutenus d'arguments religieux, ont pris ce pouvoir par-devers nous. Je vais m'occuper de vous, je vais vous soigner, je vais décider pour vous et si l'issue ultime se présente, alors sans plaisanter, je la ferai reculer… et reculer…

Qui es-tu décideur pour décider ? Ces débats répétitifs sur l'euthanasie et la pseudo-éthique de fin de vie ont laissé la place à une éthique de la « non-mort » où se sont engouffrés tous les dogmatiques. Je remercie encore le dévouement de certaines unités de soins palliatifs et la bonté, le bonheur qu'elles apportent. Mais osons aller plus loin. Vous avez une maladie incurable, vous le savez et aucun traitement ne peut vous donner une survie acceptable selon les critères de vie que vous vous êtes fixés.

Reprenons l'exemple de Maman : il n'y a rien à faire pour prolonger votre vie, mais je vais essayer une thérapeutique qui est susceptible d'améliorer votre non-vie : Exemple : la prothèse de hanche quand les métastases sont déjà partout… Pourquoi prendre cette décision en s'affranchissant de la volonté du patient ? Ce décideur, qui est-il ? Simplement, ce docteur, empêtré dans ses peurs, qui voit la mort comme un échec, à qui on a appris qu'il devait avant tout soigner ! Est-il croyant ? Parfois, les défenseurs d'une certaine morale religieuse arrivent aussi à fédérer le corps médical.

Pourtant, si l'on s'approprie la logique du soin palliatif, on prend conscience de la nécessité de donner du confort pour mourir en paix. Cette logique poussée au plus loin peut générer le droit de « Non laisser mourir ».

Je sais, j'exagère, mais dans ce cas, le droit de tuer me fait aussi mal que le droit de ne pas laisser mourir me rend fou. Dieu a dit : « tu ne tueras point », alors certains se sont rués sur la faille de l'euthanasie pour inventer un autre type d'assistance permettant de prolonger la vie à tout prix. Qui peut décider de ne pas me laisser mourir simplement parce qu'ayant perdu la vue, l'ouïe et la marche, grabataire dans mon lit, il ne me reste que l'olfaction. Et décider ainsi de me faire respirer des fleurs, jusqu'à mon dernier jour. J'aime le béton et les fleurs m'emmerdent. Nous touchons ici la limite du pouvoir médical. Ce ne sont plus des médecins, mais des hommes qui jouent de leur propre peur, de leur propre conviction, de leur propre dogme afin de pouvoir dormir en conscience avec le sentiment d'avoir fait le bien.

Toi « le médecin », quand tu fais le bien, tu me fais mal !

7

Le Grand Patron

Et les histoires se complètent, les vies se forment. Internat terminé, c'est le temps de grandir, d'affronter l'indépendance, la responsabilité. Médecin réanimateur. En pratique, dans notre spécialité comme dans d'autres, c'est le temps du clinicat. Nous devenons chef dans un service et encadrons des internes.

Mon patron de l'époque m'avait incité à postuler dans un service qu'il connaissait. « Un Grand Patron », disait-il. « Tu vas souffrir... mais tellement apprendre encore ! » Alors fier de mes diplômes, frais de mes exigences, imbu de ma jeune trentaine, j'avais postulé. J'étais un peu fier de moi, un peu imbu de ma personne. CV accepté, je devais aller le rencontrer. Je portais alors une boucle d'oreille à l'oreille gauche, petit acte de bravoure dans ce monde très protocolaire. J'avais juré : « S'il me demande de la retirer pour travailler avec lui, je n'y vais pas. » J'étais con, mais fier !

J'ai rencontré Charles dans son bureau, dans un grand service de réanimation. Bel homme, charismatique, intelligent, présent, humain. Il m'a reçu et m'a questionné sur ma vie, mes désirs, sur ma famille, mon amour des gens. Rien de médical. Il a finalisé l'entretien en disant : « Ici, je n'ai qu'une exigence : que tu sois poli. Poli avec le personnel, quel que soit son grade, poli avec tes collègues, poli avec les familles. » Dans sa bouche, cette politesse était le sens même de notre humanité de médecin, humain par devise, humain par pratique, humain par existence. Il m'a bluffé, ma boucle d'oreille oubliée, nécessité d'être et surtout quelqu'un d'humain.

Ces rencontres constituent les piliers de mon existence. Des hommes assez identiques, modestes, de grands hommes, impressionnants de savoir, humbles de naissance, toujours prêts à se remettre en question. Charles m'a accueilli en formation les bras ouverts, comme à la maison. J'arrivais dans son service, je découvrais la grandeur, l'intelligence. Jeune chef de clinique, j'apprenais les rigueurs de ce métier de réanimateur, les exigences des choix, les nécessités de savoir, de connaître, le bonheur d'être à ma propre hauteur. Connaître sa hauteur les pieds posés sur le sol. Son principe favori, sa règle, était de dire : « Tu n'es jamais seul, ou plutôt, ne sois jamais seul. Chaque choix, chaque décision, partage-les. Avec tes pairs, avec tes élèves, avec le personnel soignant, partage. Ainsi, toujours quelqu'un peut rattraper ce que peut-être tu n'as pas encore vu. Partage pour être, ne sois pas bon, sois meilleur à plusieurs. » Et il poursuivait : « Quelle que soit l'heure du jour ou de la nuit, quel que soit le jour, quelle que soit ton expérience, devant tout choix complexe, tu m'appelles et on en discute. » Jamais il ne décidait pour moi, enfin presque jamais, sauf quand mon ego devenait égal à ma connerie. Quand la pensée devenait polluée par l'orgueil, il redevenait le chef, quel respect !

La mort fut présente plusieurs fois dans ce service, le jour, la nuit. Parfois plus. Elle était toujours amenée, discutée, avec bienveillance.

Une femme âgée était hospitalisée depuis plusieurs jours, nous avions tout fait tant la criticité de son état était importante. Des engagements thérapeutiques sans hésitation, dans la discussion, la ventilation, la dialyse, les drogues pour maintenir une tension. Puis elle s'était améliorée doucement, nous avions initialement vu sa famille tous les jours puis de façon plus espacée. Elle devait sortir bientôt.

Un matin, visite commune, je sens Charles énervé, ou plutôt perplexe. La chambre de la patiente est pleine d'effervescence, nous nous tenons devant elle. Son état s'est aggravé cette nuit. Le médecin de garde a tout investi, tout donné, tout essayé. Charles prend la parole, il est inhabituellement calme. « Vous voyez, tout a été tenté, elle fait une infection grave, la tension ne tient plus malgré les drogues, il y a une insuffisance rénale et on a mis en route la dialyse, elle respirait mal et on l'a réintubée pour lui mettre une assistance respiratoire et Pierre, de garde, a tout mis en route seul, il est crevé, elle est encore là, la famille nous attend. » Nous sommes tous surpris de ce ton, pourquoi, c'est bien, non ? Il poursuit : « C'est une dame âgée, elle a déjà fait sa route dans le service, elle a refait une complication grave, très grave (défaillance rénale, respiratoire, cardiaque, hémodynamique), c'est pour cela qu'il faut parler et partager. Pourquoi les drogues, puis l'intubation, puis la dialyse, puis quoi ? Pour sauver qui ? Le médecin de garde ? Quelle est sa perspective à elle ? S'en sortir ? Non, récupérer une qualité de vie compatible avec les choix dont elle nous parle depuis un mois déjà ? Respecter son chemin ? L'échange, la discussion dans ce cas permettent de sortir de son ego, on ne se bat pas seul contre soi, on se bat avec un être humain, avec une équipe soignante, avec une famille. » « Comment expliquer qu'elle avait presque réussi à s'en sortir et qu'elle fait une complication ? » (Ça, c'est simple.) « Comment expliquer qu'elle n'a aucune chance de s'en sortir avec toutes ses défaillances, qu'on le sait et que vous rajoutez des tuyaux et encore des tuyaux, pour gagner du temps ? Sur qui ? Pour qui ? »

Nous nous regardions tous, personne ne pipait mot. Charles était en colère qu'il n'y ait pas eu de partage : « Je suis disponible toute la nuit !!! » Il rappelait que nous soignons nos patients, mais pas nos blessures. Surinvestir la nuit pour croire pouvoir la sauver et arriver le matin fier devant l'équipe en disant j'ai gagné.

Non, simplement partager, partager la question ; nouvelle aggravation, quadruple défaillance, femme très âgée : possibilité d'issue favorable, quel que soit l'investissement, égale à zéro. Possibilité d'incompréhension de la famille, de souffrance, acharnement maximum, déstabilisation de l'équipe qui s'était investie toute la nuit sans comprendre, compte tenu de nos discussions antérieures. Dans quel but ?

Ce jour-là, j'ai une fois de plus compris qu'il ne fallait pas que ce soit notre peur qui dirige nos choix. La discussion, le partage permettent simplement d'essayer d'être juste. Être en accord avec son engagement, sa conscience et peut-être en désaccord avec son ego. La qualité du soin pour la qualité de la vie. Refuser une prolongation artificielle de la souffrance, respecter le malade et interrompre les traitements en toute transparence. Encore une fois, la mort frappait à la porte de nos ego ! La mort derrière la porte se marre encore de ce combat qu'elle gagne dans l'inhumain. Nous avons vu la famille avec Charles, nous avons réuni l'équipe avec Charles, nous avons arrêté les traitements inutiles avec Charles, nous avons constaté le décès quelques heures plus tard avec Charles. Le soulagement de la famille et de l'équipe était visible. Ce jour-là, notre engagement, notre métier prenait tout son sens. La mort était là, humaine. Nous avions assumé tous les piliers, humanité, partage et vérité. Le droit de tuer, ça me fait sourire…

8

L'humanité d'un seul coup resplendit

C'était une nuit de printemps, je travaillais déjà depuis plus de dix-huit mois dans le service, j'étais efficient peut-être, humain de plus en plus, sans doute. Il est deux heures du matin, je viens de m'endormir du sommeil du juste, depuis une petite heure (on ne dort jamais beaucoup en garde) et le téléphone sonne. Ce n'est pas l'endroit que je connais, le service, les patients que j'ai examinés. C'est l'appel des étages : « Venez vite, quelqu'un va mal. » Là, même endormi, même avec mal à la tête, même si on en a marre, même si… On court.

J'arrive au troisième étage, couloir sombre comme à chaque fois, pas besoin de chercher. Pas besoin de chercher, car il y a toujours la porte ouverte, la lumière qui jaillit dans le couloir, l'agitation qui se ressent, c'est là que ça se passe. Pas de question, l'image est simple, un homme sur un lit, une infirmière et une aide-soignante en panique, un médecin. L'homme est assis sur son lit, il respire difficilement, il parle peu. « Je peux plus respirer docteur, je vais mourir… » Un regard qui me traverse, qui me rappelle que je ne suis pas autre chose qu'un humain.

Un regard qui découvre un cou gonflé traversé d'une cicatrice. Quête d'info rapide, chirurgie de la thyroïde cet après-midi et là il respire très mal depuis dix minutes. Ce gros cou là, gonflé par un probable hématome, je sais déjà qu'il l'empêche de respirer en comprimant sa trachée, mais je sais aussi que si lui ne peut pas respirer, je ne pourrai pas lui mettre dans la gorge le tuyau sauveur, car il ne passera jamais tant tout est comprimé. Alors tu espères qu'il respire encore un peu. Il te regarde, un dernier « docteur » et tu le vois tomber tel un pantin, les yeux révulsés, il ne respire plus.

Dix secondes, vingt peut-être, je me jette sur lui, je l'allonge, je regarde autour de toi, je demande une sonde d'intubation, la canule de trachéotomie serait trop courte... J'ouvre sa bouche, impossible de passer, je crie : « un bistouri ». En l'attendant, j'arrache le pansement du cou, passe mon doigt dans la cicatrice fraîche, ouvre le cou, le sang gicle. Je repousse le sang, je n'ose même pas penser à ce que je fais. Mon doigt cherche dans l'hématome ce putain de tuyau avec des anneaux qu'on appelle la trachée, je le perfore d'un doigt, plante la sonde guidée par le doigt et apporte l'oxygène salvatrice. Ouf, c'est fait. Je regarde le champ de bataille : Combien de temps ai-je mis ? Je continue le massage cardiaque déjà commencé, je récupère une activité cardiaque, je suis content. Alors ouf, ça y est, son cœur bat, il respire avec une machine par le tube, c'est bon ! Mais.... Mais il n'est pas présent, sa conscience est absente, je ne sais pas, il faut attendre. Ai-je été trop long ?

Alors, je l'ai descendu dans le service, mis en condition, le cœur bat, il respire avec une machine. Et là commence le plus long jour du reste de ma vie. Je suis d'abord allé prévenir la famille au milieu de la nuit, puis les rencontrer, leur expliquer que je ne sais pas s'il va se réveiller. J'ai vu pleurer sa femme et ses enfants, je leur ai dit qu'il fallait attendre, attendre au moins un mois pour savoir, je l'ai répété doucement. Et ensuite, tous les matins, tous les jours pendant ce mois je suis allé le regarder, guetter ce souffle de vie, cette lueur d'esprit. Et ce jour le plus long va durer.

Le lendemain soir, en rentrant chez moi, plus de larme, j'ai pris un bon whisky et m'en suis mis une. Et quand je dis une, si c'était la dernière ! Et là, j'ai compris le mot tristesse, pas celle qui te tire des larmes, celle qui te prend chaque jour quand tu rentres dans le service, celle qui t'agresse quand tu rentres dans la chambre où tu le vois, celle qui te brûle, car tu ne sais pas si tu as fait ce qu'il fallait assez vite, trop vite, trop loin. Celle qui te ramène à ta condition de réanimateur où, à un moment, la vie d'un autre peut basculer entre tes mains, tes mains d'humain.

Le temps est passé, plus d'un mois, il est toujours dans son lit, toujours identique, pas de progression. Charles, mon maître, fit ce qui, encore une fois, dut changer ma vie. L'humanité d'un seul coup resplendit et m'inonda. Il réunit toute l'équipe sans exception, réunion « éthique » dirait-on maintenant. Ses propos sont encore ma leçon. Son discours était clair : « Ça fait plus d'un mois que nous n'avons aucune progression sur l'état de santé de M. X, il est autonome, respire grâce à sa trachéotomie, est nourrit par sonde. Ça va durer, je vais en parler à sa famille, mais j'aimerais que nous ayons un avis commun. À mon sens, s'il faisait une complication, il ne faudrait pas la traiter et lui apporter du confort. Nous pourrions par exemple proposer une limitation de notre engagement thérapeutique, on ne masse pas s'il s'arrête, on ne met pas d'antibiotiques s'il fait une infection ou on ne le dialyse pas si le besoin apparaît. »

« Je ne vous impose aucune décision, j'aimerais que nous ayons une position unanime et c'est celle-ci que je défendrai devant sa famille. Nous respecterons les choix de celle-ci, mais j'aimerais avoir votre avis. Pas de décision aujourd'hui, exprimez vos avis et nous en rediscuterons, notre décision sera définitive quand elle sera unanime. »

Et là instantanément, simplement, le Charles, il a pris la tonne sur mes épaules, l'a mise sur son dos et l'a partagée avec tout le monde, il a aimé et il aime, j'en pleure encore. Puis nous nous sommes tous revus et nous avons décidé de ne rien faire s'il s'aggravait, la famille était d'accord. Mon sac à dos du poids de mes erreurs supposées était un peu moins lourd. La dame à la faux guettait, mais on était en train de la baiser, copieusement, profondément, on choisissait et non plus elle. Un jour, notre patient fit la complication prévue, lente, on poursuivit les traitements essentiels, on ouvrit les portes aux proches vingt-quatre heures sur vingt-quatre, on lui apporta du confort et il partit. Je me souviens même que sa famille vint me remercier et toute l'équipe avec. Ce jour-là, plus de droit de tuer, mais un droit de laisser mourir, exemplaire image de dignité et d'humanité.

On le voit au cours du temps, les mots prennent leur place, les maux s'apaisent en jeux de paroles et d'écrits. Si nous continuons notre voyage au sein de mes angoisses depuis ce jour où les bombes explosèrent, où la tuerie devint coutumière et banale, où la mort devenait un droit, où le droit de donner la mort devenait banal, alors Charles nous amène l'union, le collectif, l'humanité à plusieurs. Le collectif reste indispensable et je me mets à penser au bourreau, seul, habilité à… seul pouvant prétendre à user de ce droit, droit de tuer. En suivant cet exemple, nous pourrions revoir l'histoire autrement. Souvenez-vous des propos de Charles : « À mon sens, s'il faisait une complication, il ne faudrait pas la traiter et proposer une limitation claire de notre engagement thérapeutique. » Notre patient fit la complication prévue, on lui apporta du confort et il partit, quand son corps abandonné décida l'ultime souffle.

Si nous oublions la collégialité et l'humanité, alors nous aurions pu le vivre ainsi et reformuler : « S'il faisait une complication, il ne faudrait pas la traiter. Nous pourrions par exemple attendre que la journée se passe, le laisser voir sa famille, les informer de l'imminence de la fin. Puis au cours de la nuit, préparer une seringue d'un cocktail lytique. Je propose d'associer une forte dose de morphine avec des sédatifs de façon à l'endormir puis de rajouter des curares pour qu'il arrête définitivement de respirer ou de faire comme au bon vieux temps, une ampoule de potassium en IV et son cœur s'arrête tout de suite. » La dame à la faux guettait, mais on était en train de la baiser, copieusement, profondément, on choisissait et non plus elle. Un jour, notre patient fit la complication prévue, lente ; le soir, Charles prit la garde, à 20 heures l'injection était faite. Heure du décès : 20 h 05. Euthanasie banale.

À 20 h 05, nous avons perdu tout ce qui nous fait homme, loin de la vérité, en toute indignité.

Quelle différence existe-t-il entre le droit de mourir et le droit de tuer ? Certains parleront ici d'hypocrisie, car la fin est la même. Mais au fond, la fin justifie-t-elle le moyen ? Quel intérêt d'effectuer l'injection létale (tueuse) que ce soit le jour ou dans le silence de la nuit ? Qui peut assumer ce geste ? J'entends déjà les hurlements des euthanasistes actifs parlant de lâcheté ou de choix non assumé. Les vrais penseurs de la fin de vie ont envisagé le geste ultime sans jamais l'exécuter. Le geste fait par celui qui meurt libère toutes les consciences.

Nous n'arrivons pas à aborder ce sujet qui reste l'étendard des pseudo-sachants jamais confrontés à ce moment. C'est au-delà, bien au-delà. Cette réflexion est puisée dans mes ressources laïques qui ne donnent pas le droit de vie ou de mort, mais surtout donnent le droit à l'humain. Le bourreau, le soldat ont été formés à tuer ou plutôt leur formation a permis qu'à partir d'un certain seuil d'entraînement, ils puissent être suffisamment déshumanisés pour pouvoir tirer et tuer. Pourtant, les séquelles ultérieures resteront encore visibles et inguérissables. La mort les hante non parce qu'elle est « mort », mais parce qu'elle perd son lien avec la vie.

La seule différence entre ces deux visions de la situation est l'humanité. Accompagner vers la mort dans le don de vie ! Et si nous rajoutons la dernière phrase de Charles sur le respect des choix de la famille et le nécessaire consensus d'équipe. Alors là, d'un seul coup, la tonne qui pesait sur mes épaules se trouve transférée sur les siennes puis assumée collectivement par tout le monde. Acte d'amour envers le patient, envers nous, j'en pleure encore.

Alors la réalité prend tout son sens. Nous sommes dans l'amour collectif de l'humain. Oui, la mort existe ; oui, on peut accompagner dans la mort ; non, nul n'est pressé. Après 40 ans ou plus de vie, n'a-t-on pas un ou deux jours à perdre pour mourir ? J'entends déjà les arguments hurlés : « À quoi ça sert de souffrir deux jours de plus ? » L'idée n'est pas de souffrir, l'idée est simplement d'aimer collectivement et de partager même la mort dans l'amour. La douleur ne vient que dans la brutalité et dans l'absence d'information.

Parlons, partageons, accompagnons, mourons ensemble. Les derniers mots ajoutés montrent l'importance de l'homme. L'homme générique. Alors, le droit de tuer : définitivement non. La détresse peut expliquer la transgression, mais ne la dissout pas.

Le droit de mourir, bien sûr, accompagné et serein, entouré et aimé de ses proches ou de ses soignants dans un acte de communion vers une fin propre et douce. Là, il n'y a plus le poids du geste, il y a le partage de l'empathie, le partage de l'accompagnement, la fraternité des hommes au service de la vie qui rend la mort parfois belle. Notre histoire d'aujourd'hui, nos comportements ne sont que la perte de nos identités de vie confraternelles et humaines, où le temps paraît plus court que l'instant, où mieux vaut brûler que consumer. Mourir en toute dignité.

On doit à ce moment considérer le débat qui enflamme notre société. Rappelons-nous l'histoire de

Vincent Humbert, tétraplégique, muet et aveugle après un accident de la route et totalement conscient en 2000. Après un rejet de sa requête au droit à mourir auprès du président de la République en 2002, sa mère précise en septembre 2003 son intention de l'aider, ce qui fut fait en septembre 2003. Le débat et les réalités judiciaires de l'époque permirent en avril 2005 la publication de la loi dite « Leonetti[1] » (Loi n° 2005-370 du 22 avril 2005 relative au droit des malades et à la fin de vie) qui ouvre à toute personne majeure la possibilité de rédiger à tout moment des directives anticipées et introduit la notion d'obstination déraisonnable tout en essayant de promouvoir les soins palliatifs. Celle-ci fut modifiée par la loi du 2 février 2016 dite Claeys-Leonetti qui crée de nouveaux droits en faveur des malades et des personnes en fin de vie et pose le principe selon lequel toute personne a droit à une fin de vie apaisée et digne. Les directives anticipées s'imposent désormais au médecin sauf en cas d'urgence vitale et la loi introduit la notion de sédation profonde et terminale dans le cadre d'une infection grave et incurable dont le pronostic vital est engagé à court terme.

La commission des affaires sociales du Sénat et les représentants des sociétés de soins palliatifs soulignent encore aujourd'hui un sentiment de « mal mourir » en France dû, malgré les avancées de la loi de 2016, à une méconnaissance de celle-ci par les patients et les professionnels, mais également à des inégalités

1. Loi n° 2016-87 du 2 février 2016 créant de nouveaux droits en faveur des malades et des personnes en fin de vie.

territoriales dans l'accès aux soins palliatifs et la prise en charge de la douleur.

Le 13 septembre 2022, Le CCNE rend son avis sur la fin de vie[1], ouvrant la voie à une aide active à mourir et enfin la Convention citoyenne sur la fin de vie émet un avis[2] à 70,6 % pour une ouverture conditionnée de l'aide à mourir et un développement des soins palliatifs, et ouvre la voie à une éventuelle proposition de loi sur « l'aide active à mourir ». Réflexion confirmée par les propos de Mme Firmin Le Bodo le 6 juin 2023 devant la commission des affaires sociales du Sénat : « Le président de la République a la volonté d'introduire un nouveau droit concernant l'aide active à mourir. Je ne peux pas préjuger du résultat des travaux ni du choix de la sémantique, mais le principe est bien d'ouvrir un nouveau droit sous certains critères d'éligibilité. »

Mais si l'on reprend mon propos au cours de ce livre, on peut légitimement se poser une question pour laquelle aucune réponse n'est encore apportée : la question du « qui ? ». En effet, au-delà de l'absorption volontaire encadrée de médicaments à visée létale même sous conditions et sur prescription médicale, l'injection létale dans le cas de maladie invalidante ou très handicapante ou de perte d'indépendance pose la question de l'exécutant. À l'issue de la convention citoyenne sur la fin de vie, le philosophe Emmanuel Hirch soulignait

1. CCNE, Avis 139. Questions éthiques relatives aux situations de fin de vie : autonomie et solidarité.
2. Avril 2023, rapport de la convention citoyenne sur la fin de vie.

« aucune loi ne saurait répondre aux détresses existentielles et aux souffrances de notre confrontation à la mort[1] ». Car c'est en effet ce moment qui est difficile, cette confrontation ultime.

Je me souviens avoir promis à mon père de l'aider s'il devenait dépendant et grabataire, de l'aider à s'en aller. Le sort en a décidé autrement et je n'ai pas eu à réfléchir sur la question, mais nous avons pu voir avec ma mère qu'essayer d'abréger ses souffrances me fut impossible : brutalité du geste ou simplement geste de donner la mort. Nous aimerions tous promettre et pourtant… D'autres fois, en discutant avec des amis, je découvre qu'il leur a été demandé, pour un proche, de décider de l'arrêt des machines qui allait entraîner la mort ! Quelle hypocrisie et comment s'en relever, comment vivre avec ? Mes amis en sont encore traumatisés ! Dans des situations similaires sur le plan professionnel, j'interroge sur les désirs du patient, sur ses souhaits, sur la position de la famille, expliquant toujours que chaque décision sera prise collégialement par le corps médical, dans le respect du patient et sans en faire porter la responsabilité à la famille ou aux proches, essayant ainsi de les protéger un peu.

Si l'on envisageait la question du « qui » en termes de droit et de liberté ? L'hypothèse même d'une reconnaissance du suicide assisté ne règle pas le problème

1. *Le Figaro*, 02/04/2023, entretien par Agnès Leclair.

de celui qui veut mais ne peut pas mourir, car incapable de se suicider. Il faudrait envisager un « droit à la mort » bien au-delà du droit à mourir. Et cette situation du droit à la mort met immédiatement en place une obligation pour autrui : le médecin.

Comme disait M. Bernard-Marie Dupond devant la même commission du Sénat : « Aujourd'hui, d'une certaine manière, on demande aux soignants une réponse médicale à une question philosophique. Or le problème n'est d'abord ni médical ni juridique, mais existentiel : le sens de la vie, du passage, l'instant de la mort dépassent largement le seul cadre du droit ou de la médecine. »

Faut-il essayer de contourner l'obstacle en proposant une clause de conscience ? C'est ce que préconise le président de l'ADMD Jonathan Denis dans une tribune du journal *Le Monde* le 22 juin 2023 : « le modèle à la française sera alors une loi d'humanité et de solidarité, qui ne porte aucune obligation pour quiconque, y compris pour les médecins, grâce à une clause de conscience ». Cette option semble complexe et sujette à controverse lorsqu'on fait le parallèle avec le débat sur la clause de conscience spécifique relative à l'interruption volontaire de grossesse. Selon ses détracteurs, elle serait stigmatisante et un des facteurs d'inégalité territoriale d'accès à l'IVG, c'est-à-dire un obstacle à l'égalité d'accès aux soins alors qu'elle serait protectrice pour ses partisans.

Alors, l'idée pourrait être de sortir cette mission de l'acte ultime du rôle du soignant, créer peut-être des cellules spécialisées accessibles sur tout le territoire, regroupant patients, professionnels, juristes et permettant, lorsque les conditions juridiques, humaines, médicales sont remplies, de répondre positivement à la demande d'euthanasie par ces unités dédiées.

Toutefois, on ne s'affranchit pas ainsi du problème de la liberté du choix notamment ultime. Mme Monique Canto-Sperber, membre du CCNE, précisait au Sénat : « Dans nos sociétés, le consentement et l'expression ultime de la volonté constituent aussi un principe fondamental, que l'euthanasie, lorsqu'il s'agit d'administrer la mort à une personne inconsciente, tend à bafouer. Il me semble essentiel de préserver l'intégrité du choix du malade à ce moment ultime, décision dont nous sommes collectivement responsables, dont nos sociétés sont responsables ».

La question posée est en effet celle de la délégation de l'acte. La réflexion et la liberté du choix à la dernière minute pourrait être compromise, comme le soulignait le même jour Jacques Ricot : « L'euthanasie et le suicide assisté sont deux choses différentes. Dans un récent article, le juriste Yves-Marie Doublet indique que le suicide assisté concerne 0,6 % des cas de mort assistée dans l'État de l'Oregon, alors que dans les pays qui ont légalisé l'euthanasie – Canada, Belgique,

Luxembourg, Pays-Bas et Espagne –, la proportion d'euthanasies est quatre à cinq fois plus élevée que celle de suicides assistés, voire sept à huit fois plus, si l'on tient compte des euthanasies non déclarées. Selon les législations en vigueur, les dynamiques sont différentes. »

La question du choix de l'euthanasie plutôt que du suicide assisté pose-t-elle la question du choix ultime dont nous ne sommes plus maître ?

Dans ce cas, il est fondamental que l'approche de la fin de vie se fasse également dans la prise en charge de la maladie et de la souffrance dans des unités adaptées. Que l'accès aux soins palliatifs soit possible pour chacun et pour tous sur tout le territoire. La peur de la mort comme peur de souffrir pouvant être un élément déterminant de nos positions.

On le voit, le débat reste largement ouvert et une approche pourrait être au-delà de tout dogmatisme culturel ou religieux de faire une évaluation claire de l'application de la loi Leonetti de 2016. Comme le soulignait sur France 3[1] Agnès Firmin-Le Bodo, répondant à l'une de mes questions : il nous est impossible de dire combien de fois la sédation terminale a été mise en place en France l'année dernière !

1. *Dimanche en politique*, le 30 avril 2023.

Je terminerai ce chapitre par une citation de Paul Ricœur[1] : « S'il faut avouer que les pratiques clandestines d'euthanasie active sont inéradicables et si l'éthique de détresse est confrontée à des situations où le choix n'est pas entre le bien et le mal, mais entre le mal et le pire, même alors le législateur ne saurait donner sa caution. »

1. Jacques Ricot, « Paul Ricœur et la fin de vie », *Ouest France*. Point de vue du 21/03/2018.

9

Ailleurs, lui, je ne l'aurais peut-être pas réanimé...

Je poursuis ma formation et envisage de continuer dans un autre service de réanimation, plutôt orienté vers la neurologie. En fait, c'est une spécialité particulière où un réanimateur peut être confronté à la décision de réanimer des patients, qu'il n'aurait peut-être pas réanimés dans un autre contexte par manque de connaissance spécialisée. Nous avons nos vérités, la vie a la sienne. Imaginez sans le connaître ce jeune myopathe qui fait une complication grave et que nous pourrions décider de ne pas réanimer. En effet, il vit dans un fauteuil, parfois avec une trachéotomie, quel intérêt pourrait dire celui qui est autonome. C'est un peu la même réflexion que se font les motards entre eux : « Bah moi tu sais, si je me plantais et que j'étais tétraplégique, je n'aimerais pas qu'on me réanime, à quoi ça sert ? »

Mon premier fils vient de naître, il est beau, il va bien. Il m'apprend ce lien silencieux du cœur à la main, cette main qui te protège, cette main qui t'aime, ma main… Alors je vais continuer vers ce nouveau challenge et apprendre, apprendre encore que la vie est « Une », mais surtout « Une par personne ». Ce service prend en charge toutes les pathologies neurologiques, de la tétraplégie à la myopathie et tout ce qui est associé.

Dès mon arrivée, Jeff, le chef de service, m'accueille avec le sourire. Je découvre au cours de la visite des patients qui respirent mal, des patients hémiplégiques, tétraplégiques, jeunes ou âgés. Je découvre nombre de maladies ou de malades où le bon sens populaire dit « Ah ! moi, si cela m'arrivait, je préférerais mourir », le genre de propos qu'on partage entre amis après trois verres au comptoir. Je découvre tous ces humains pleins de vie, leurs sourires, leurs cultures, leurs livres, leurs écrits, leurs rêves, leurs musiques. Comme par hasard, encore merci à mes nouveaux collègues, ma première journée dans ce service fut aussi ma première garde de nuit. Garde de chef, avec mon interne et mon externe. Le vrai boulot quoi, le baptême du feu.

Ma copine avec la faux avait vraiment marqué son amour et je sens encore son regard sur moi cette nuit. Tout le monde était parti, le patron m'avait souhaité bonne chance, j'avais le bip. Cet instrument que l'on met dans sa poche et qui sonne n'importe où, n'importe quand, provoquant des réactions en chaîne. Quand le bip sonne, tout s'enchaîne, l'externe est appelé puis l'interne puis… moi. Je suis le dernier maillon, celui que l'on appelle quand on ne sait plus, quand ça va très mal. Alors quand ce truc se met à sonner, c'est l'angoisse des rois, car au bout du bip c'est l'interne, pourtant déjà médecin, qui ne sait pas. On monte dans la sensation, ce n'est plus la peur, c'est la trouille. Mon amie en noir m'avait suivi, elle était là et cette nuit dans cette longue visite de cinquante malades, je la vis souvent sourire.

Cinq fois mon bip a sonné, cinq fois un cœur s'est arrêté, cinq fois je me suis battu sans désespérer, cinq fois ! Après la longue visite des cinquante lits, il est 23 heures, nous allons dîner, puis nous remontons dans le service. Repos, tout va bien, petite visite avec l'interne, tout est calme, il est temps d'aller se coucher. Premier bip, il doit être deux heures, je prends le téléphone, c'est l'interne, je l'imagine blanc, pâle, livide. Un seul mot, un cri, pas une explication : « Viens, viens, il est mort. » Alors j'ai couru. Je ne sais même pas si j'étais habillé.

Une équipe en train de masser un patient dans un lit, 45 ans. Nous avions discuté ensemble lors de la visite, il a une myopathie sévère avec atteinte cardiaque. Je connais son corps décharné qui ne bouge plus, amaigri, amyotrophié. Je m'étais demandé comment il faisait pour vivre ainsi sans bouger. Il m'avait fait rire en se moquant de ma manière de marcher un peu sur la pointe des pieds. Peut-être sans cet échange, dans un autre contexte, peut-être ne l'aurais-je pas réanimé ? Je ne sais pas.

Interrogatoire rapide de l'équipe : il vivait avec sa femme, ses enfants, il vivait très bien, avait une activité intellectuelle, il est rentré hier pour des pauses avec perte de conscience. Là, il est sous le coup du massage, intubation, ventilation, drogues, combat, lutte, espoir, faiblesse, lutte, guérison improbable, échec et mat, fin du combat, durée 50 minutes, échec. À ce moment, comme à chaque fois, il faut décider : « On arrête et tout s'arrête, il est mort. »

Dans ces moments, le ton change. D'habitude, on se tutoie tous dans les services de réa, le partage, la proximité. Moi, dans toutes ces situations d'urgence, de guerre, je me mets à vouvoyer : « 1 mg d'adrénaline, passez-moi le défibrillateur, on arrête. » Mon stress envoie le « tu » vers le « vous » qui, dans cette phase critique, aiguë, finalement devient « nous ».

Mes derniers mots scellent la fin du combat. C'est fini, on reste ensemble pour tout débrancher, je parle avec l'interne, bois un café, puis les infirmières, avec douceur, m'amènent les coordonnées de son épouse et le téléphone : « Docteur, il faut l'appeler. »

Il est trois heures du matin, je ne sais plus, je suis allé me mettre dans un coin, j'ai ravalé mes larmes, j'ai écouté la sonnerie puis le « allo » féminin. J'ai raconté, expliqué que c'était fini, définitivement fini, sans savoir si elle l'avait encore embrassé, sans savoir s'ils s'étaient parlé. J'ai entendu ce « Merci » et, comme un con, j'ai raccroché et suis allé refaire un tour du service. Enfin, j'ai pris un moment pour échanger avec l'équipe, la remercier de son combat. J'ai rassuré mon interne après avoir repris tous les éléments pour expliquer, comprendre, déculpabiliser, pour qu'il puisse trouver le repos et je suis retourné me coucher. Si j'ai dormi cette nuit-là ? Le bip a sonné de nouveau quatre fois. Après, je ne me suis plus recouché ; après, j'ai mis des crans pour chaque décès sur la crosse de mon revolver.

Enfin, le jour s'est levé, j'avais massé toute la nuit, 10 % de perte. Cinq morts sur cinquante malades, cinq échecs. Du jamais vu dans l'histoire de la réanimation, je n'étais pas mauvais, j'étais devenu pire. Puis vint le matin, tout le monde était présent pour le staff, réunion d'équipe. Et lors de mon premier staff, quand je me retrouve avec tous avec les patrons, les chefs, les internes, les externes, les surveillantes autour de la grande table, quand le chef de service arrive avec le sourire à huit heures et que l'interne commence à raconter la nuit, alors il n'y a que deux possibilités : soit j'ai fait mon boulot avec l'interne et on en est sûr, soit en sortant, je me tire une balle dans la tête. J'ai repris les dossiers un par un et expliqué minute par minute les faits, les actes. Un mort, deux morts, trois morts, la salle est devenue silencieuse. Vingt personnes qui ne respirent plus, quatre morts, cinq morts, l'émotion est au-delà des yeux, tous nous regardent, tous savent ma douleur latente proche de l'implosion, tous savent que c'est impossible à tenir. Et là, Jeff et Thierry (le chef de service adjoint) ont analysé chaque mot, chaque dossier. Tout le monde s'est exprimé. Je n'avais pas fait d'erreur, je m'étais battu avec tous les moyens possibles et on avait perdu. Ils ont pris mon « Je » pour en faire un « Nous » et je vous assure, ce jour-là, que si le flingue était chargé, ils ont réussi à enlever les balles.

À la sortie du staff, personne n'a osé me dire « Ça va ? » Jeff m'a pris par l'épaule. Je sens encore cette main, j'avais les larmes aux yeux, j'étais seul, je racontais l'inénarrable et il a posé la main sur mon épaule, comme un frère, un père et a dit : « Viens prendre un café. »

Il m'a fait entrer dans son bureau, asseoir confortablement, m'a servi le café : « Prends ton temps, puis tu fais la visite quand tu vas mieux. C'est bien ce que tu as fait, pas de doute, c'est ce qu'il fallait faire. » Je venais de perdre la vie de cinq malades, de les tuer (c'est ce qu'on pense à ce moment-là) et lui, il m'a offert son humanité. Je peux vous assurer que si une erreur avait été faite, on l'aurait débriefée calmement sans violence pour apprendre et faire apprendre. Jeff me dira quelques années plus tard que ce jour-là, il m'avait accordé son estime, compte tenu du poids de cette nuit et que ce premier jour, il m'avait définitivement donné sa confiance.

À la fin de la journée, je suis rentré à la maison. Mon fils se couchait tôt, alors j'ai joué avec lui. Jeu de Pokémon qu'il ne savait pas lire, mais qui le faisait tant sourire. Ma main sur lui, comme celle de Jeff sur moi, acte d'amour universel. Et puis, par la fenêtre la mort qui te regarde, ta compagne avec la faux qui sait que tu y retourneras demain et que tu vas encore jouer avec elle. Et puis les mots qui ne sortent pas, cette nuit de souffrance que jamais tu ne sauras exprimer, cette compassion que t'a offerte ton patron, cette tendresse et ce quotidien si loin, si loin et pourtant si près. Ce jour-là, la mort, les morts, l'échec, la réussite, la mission de soin : remets-moi un whisky. Je crois que j'en ai bu quelques-uns de trop en poursuivant la soirée à la maison, plombé par ces émotions que nul mot ne peut transmettre.

10
Les vieux copains

Le matin, c'était un nouveau jour, comme tous les matins. Ce nouveau service, ces rencontres allaient m'apporter tant : accepter la différence. J'ai découvert des gens magnifiques, des patients extraordinaires. J'ai découvert des hommes et des femmes qui voulaient vivre avec le quart de ce que j'avais et qui vivaient peut-être mieux. J'ai beaucoup travaillé avec Thierry et avec les myopathes, notamment sur la myopathie de Duchenne. Nous avons effectué divers travaux sur la qualité de vie. J'ai ainsi découvert que la préoccupation essentielle d'un jeune homme myopathe qui avait à l'époque une espérance de vie limitée était d'avoir une activité sexuelle. Que celle-ci était le plus souvent impossible et que son regret, peut-être le plus profond, avant de partir, c'était de ne pas avoir connu cette étreinte, cette chaleur, seulement l'avoir imaginée. De cette différence entre le sexe et la mort, quand la mort te cueille et que le sexe t'évite. J'ai découvert que la qualité de vie, c'est aussi le cul. Quelle découverte ! J'ai également appris que l'homme, même jeune, pouvait avoir le choix de sa vie et surtout de sa fin de vie dans l'amour.

Il avait dix-huit ans à peine, jeune myopathe dans son fauteuil. Nous nous étions souvent vus en consultation ou en hospitalisation de courte durée. Il aimait la vie, il aimait lire, il utilisait Internet, il savait tout sur tout.

Alors qu'il savait que pour certains la trachéotomie allonge la survie de plusieurs années en apportant une assistance respiratoire permanente, il avait décidé vers l'âge de quatorze ans que le jour où ses mouvements deviendraient impossibles, lorsque sa respiration se ferait rare, ce ne serait pas pour lui. Il avait expliqué, à ses parents, à ses frères, à nous, qu'il préférait mourir ; c'était son choix. Nous savions que quand ses muscles respiratoires seraient insuffisants, quand l'assistance ventilatoire par masque serait incompatible ou plus compatible, ce serait le moment de la fin.

Il avait échappé à la trachéotomie pour le moment, mais surtout échappé au moment où il faudrait, selon ses propres choix, décider de la refuser lorsque son état s'aggraverait et qu'elle deviendrait nécessaire. Il avait souvent un masque sur le visage pour respirer, mais pas de trachéotomie. Il me faisait rire en consultation, car il était incollable sur les infos, sur l'histoire, sur tous les sujets. Il dévorait les écrans, il lisait tout. Je lui avais même parlé de « Pikachu », de ma quête des Pokémon, et nous avions échangé nos astuces.

Il est arrivé dans le service en urgence, il avait du mal à respirer. Je revois encore son corps dans le lit, un si grand lit, ses yeux, de si grands yeux, sa parole, une si belle parole. Nous avons, en équipe, fait le tour de la situation, évoqué les problèmes éventuellement surajoutés, les infections possibles et nous n'avons rien trouvé. Inexorablement, sa musculature respiratoire avait perdu de son efficacité et inexorablement il allait vers l'asphyxie.

Nous sommes allés le voir avec Thierry, j'étais encore de garde ce soir-là. Nous avons discuté de la seule alternative qu'il nous restait, intubation avec ventilation puis trachéotomie. Nous savions, il savait. Il a reprécisé ses choix, les conséquences de ses choix. Il parlait difficilement en se séparant de temps en temps du masque, il était posé, serein, il était prêt. Nous avons ensuite passé un long moment avec sa famille qui avait déjà envisagé les choses, qui ne voyait pas comment cela allait se passer. Allait-il s'asphyxier progressivement, lutter pour respirer, devenir tout bleu et mourir ? Allait-il être intubé et endormi, puis enfin libéré par nous ? Allions-nous respecter son choix ?

Nous avons repris ensemble tous les éléments, toutes les perspectives pour revenir à l'ultime et dernière perspective. Nous ne l'intuberions pas contre son gré, nous ne le laisserions pas s'asphyxier dans la douleur, nous lui amènerions du confort pour qu'il ne souffre pas, puis l'hypercapnie (c'est-à-dire l'excès de gaz carbonique dans le sang quand la respiration devient inefficace) arriverait et il s'endormirait tranquillement. En gros, nous lui apporterions du confort jusqu'à ce que le gaz carbonique de son sang mal évacué par le poumon ne le plonge dans une narcose sans retour, vers l'arrêt. Cette nuit-là, la famille était présente pendant la garde. Nous avons beaucoup discuté, il riait, il racontait des souvenirs. Il avait fait le choix de décider sa mort, il était le maître. Plus tard, dans la nuit, nous étions tous les deux, il m'a parlé de ces choses d'homme. On a discuté de ce sexe qu'il n'avait jamais pratiqué, on a parlé de tout cela, en vieux copains, puis nous sommes allés dormir. Je me souviens de la faucheuse qui nous regardait par la fenêtre, tout se mélangeait, on allait lui mettre une belle carotte, elle n'avait plus la main. Cette nuit-là, le sexe et la mort se mélangeaient, confusément. La mort, le plaisir, des désirs non réalisés vers des envies non satisfaites, faites de fantasmes télévisuels et puis la fin.

Quelques jours ont passé, il respire de plus en plus difficilement, il commence à lutter. Ce matin, il m'a dit que c'était trop dur. Alors avec Thierry, à la réunion matinale où nous partagions avec toute l'équipe les évolutions de chaque patient, nous avons entamé la dernière discussion, celle du choix. Tout le monde a participé. Ensuite avec l'équipe, avec sa famille, nous avons mis en place la morphine doucement, il riait encore. Nous savions que la douce torpeur allait l'envahir, puis que la douleur de la respiration disparaîtrait, que la respiration se ferait plus lente, qu'il s'endormirait définitivement, et que son cœur s'arrêterait.

Cela a duré un certain temps en jours, puis j'ai senti qu'il commençait à s'endormir, qu'il respirait moins. Alors, j'ai posé la blouse sur la chaise avec la famille et j'ai attendu. Petit à petit, il a commencé à faire des pauses respiratoires de plus en plus longues, j'ai arrêté le cardioscope pour que le bruit de son cœur ralentissant ne vienne se cumuler à nos angoisses, puis il est parti. J'ai gardé mes larmes pour ses proches autour de moi, j'ai partagé le sentiment d'avoir fait ce qu'il voulait, de l'avoir respecté.

Oui, il est venu dans le service et oui, on n'a pas écouté ceux qui se défausseraient en disant « Je te trachéotomise, car je suis docteur moi, je sais » et « Je sauve la vie ». On n'a pas écouté ceux qui disaient « Mettez-le en soins palliatifs, on va le garder en vie le plus longtemps possible et surtout une autre équipe le prendra en charge ». On l'a pris chez nous, dans le service où il venait depuis toujours, où il connaissait tout le monde. On l'a pris avec sa famille, on a rediscuté. On a rediscuté de son choix de choisir sa mort. Et puis, quand respirer est devenu trop difficile, on n'a pas mis de machine, on a augmenté la sédation pour qu'il s'endorme et apaisé, en quelques jours, il est parti la main dans la main. Personne ne l'a tué, il est mort comme il avait vécu : debout dans sa tête. Il aurait pu mourir dans le mensonge, il est mort après avoir partagé avec nous sa vérité. Ce jour-là, le droit de tuer… quelle ineptie, quel débat insipide et surtout sans saveur ! Mais, je t'assure que quand tu rentres chez toi, quand tu repenses à ta journée, tu le revois heureux et fier de ses choix, malgré ce moment. Quand tu te retrouves seul, tu regardes ton miroir, tu laisses partir les émotions, ton regard ne se perd pas, c'est toi que tu vois. Ce jour-là, tu aimes ton image. Le soir, à la maison, Pikachu avait l'air vachement sympa.

11

J'ai cédé à la raison par la peur

De garde en garde, de jour en jour, j'ai compris d'autres éléments en rapport avec la santé, d'autres exigences. La vie est faite de ce que l'on a et, souvent, ceux qui ont moins que toi sont plus satisfaits. Certaines décisions que tu prendrais pour toi (je ne veux pas vivre ainsi !) sont remises en question au moment où tu dois décider pour les autres de continuer ou pas, notamment pour ceux qui vivent ainsi. Tu découvres l'univers humain au-delà de tes peurs ou de tes croyances, simplement la vie dans sa beauté et sa réalité mortelle, un simple passage. Changement de critères, relativisme, absurdité du choix ultime, nécessité de poser tes pieds dans la réalité et de marcher.

C'est un jour d'hiver, un dimanche, il fait froid, journée de garde banale, la soirée se profile, la lumière baisse. Souvent ce jour-là, pour certains, c'est l'ennui, rien à faire, regarder dehors pour combler la tristesse ou la solitude. Alors ce temps gris prend une autre signification, il prend la couleur de l'âme et n'a qu'un sens, celui de finir au plus vite. Pour d'autres, c'est le temps de la fête, des moments entre amis, de franches rigolades.

Il a 16 ans, il rentrait de chez des amis, il était à scooter, percuté par un camion. Le SAMU l'a pris en charge sur le bord de la route, coma d'emblée. En gros, cela signifie que lorsque les secours sont arrivés, son cœur battait encore, mais il ne répondait à rien, inconscient, dans le coma. Alors, ils lui ont posé une assistance respiratoire et une machine pour respirer, ils ont mis en route les traitements pour protéger au maximum son cerveau, ils ont maintenu une tension artérielle correcte et nous l'ont amené. Coma, ça veut dire que quoi que l'on fasse, nous n'avons que trop peu d'éléments pour comprendre ce qu'il se passe dans sa tête, il faut faire des examens.

Le choc a dû être violent, très violent. Il arrive dans le service, la transmission est lapidaire : « Coma d'emblée, hémodynamique stable, aucune réaction. Nous l'avons endormi pour protéger son cerveau. » Le brouhaha se calme, tout le monde part et je reste seul avec lui, du moins l'équipe et lui. Je deviens le sachant face à cette détresse, la vigie, la ligne de proue, je suis seul. À son arrivée, il est beau, jeune, dans la force de la jeunesse, ce moment où tu peux tout bouffer, tout vivre. Il ne bouge pas, ne respire pas, a une machine pour respirer, le cœur bat intact sauf *a priori* son cerveau où tout serait détruit selon l'examen initial des médecins du SAMU. Je sais que si ça se confirme… Je ne veux pas savoir, mais je sais quand même qu'il peut aider d'autres personnes à vivre. Je me suis mis en situation de pouvoir réfléchir. Ceci ne veut pas dire s'asseoir, cela signifie recueillir tous les éléments, essayer de comprendre, estimer. Je dois évaluer pour enfin pouvoir parler. Je l'ai examiné, endormi. L'examen neurologique est pauvre, très pauvre, il ne réagit pas. Afin d'avancer, de comprendre, j'ai arrêté tous les médicaments sédatifs, pour donner une chance d'améliorer l'examen. Heureusement, il est endormi par protection avec des drogues de courte durée. Par conséquent, je vais attendre le temps qu'il faut, prévoir le scanner, organiser les examens et continuer à espérer et me battre.

La famille arrive, elle ne sait pas encore, elle découvre à travers mes mots. Je reçois les hurlements, la colère, je prends la haine, la douleur, je prends sa mère de front, son père abattu. Je vois cet homme se tasser puis me regarder en face, grandir de nouveau et me demander de promettre de le sauver. Je les ai laissés le voir avec sa machine d'assistance, avec sa beauté inaltérée, un simple pansement sur son crâne. Je leur ai expliqué : « Il faut attendre des examens pour se prononcer, le cœur bat, mais que ça ne veut rien dire. » Comment faire comprendre à une famille qu'on peut être mort avec le cœur qui bat ! J'ai expliqué, encore et encore, que c'est compliqué, que peut-être les lésions cérébrales sont irréversibles et qu'il faut encore faire des examens, attendre, mais que la situation est grave, très grave.

Les heures s'enchaînent, le scanner a montré des lésions cérébrales au-delà de tout entendement, malgré l'arrêt de la sédation, il n'y a aucun signe de réveil, aucun mouvement, aucune respiration. L'artériographie cérébrale a montré que le sang ne passe plus dans le cerveau. Les réflexes sont absents, les électro-encéphalogrammes sont plats. L'examen neurologique est désespérément conforme aux livres, rien, le cerveau est mort. Il ne respire encore que grâce à la machine qui en fait respire à sa place. Son cœur bat encore, mais va bientôt s'arrêter. Il est là, beau, dans sa chambre de réanimation, le corps presque parfait, sa poitrine se soulève au rythme de la machine, son cœur bat et le bruit du scope égrène doucement les battements ; on le dirait endormi. Il paraît vivant, car tout est substitué.

À ce moment-là, je sais, ça s'appelle mort cérébrale, il est mort. Nous avons en fait peu de temps, il est mort oui, mais tant que nous gardons les machines, cela peut permettre de faire survivre ses organes pour les donner à d'autres. Il va falloir expliquer à ses parents qui attendent que leur fils est mort, mais qu'il peut être utile à d'autres, sous réserve de leur autorisation de prélever les organes. J'ai appelé l'infirmière qui s'en occupe, nous avons discuté, je lui ai tout raconté et ensemble, nous sommes allés voir la famille. À l'entrée dans la salle, je sais à leurs regards ce qu'ils attendent de mes mots, je sais que de ma vérité dépend leur survie. Je me suis assis pour expliquer l'inexplicable. Ma phrase à peine terminée, j'ai entendu ces hurlements, cette douleur ultime, le cri de cette mère, l'effondrement, l'irréalité de cet instant. Je sais cette douleur, je sais mes larmes. En essayant de ne pas me laisser submerger, aidé par le regard de l'infirmière, j'ai attendu un peu et j'ai continué à expliquer la mort.

Jamais je n'oublierai le bruit de ce silence !

D'un coup, au-delà des cris, le silence, la sidération, le moment où il faut expliquer : « puisqu'il est mineur, il faut l'autorisation des parents, mais il peut être donneur d'organes et faire vivre d'autres ». J'ai expliqué puis me suis tu, attendant qu'ils comprennent, qu'ils réagissent. La maman a regardé le papa, m'a regardé et dit : « Non, on s'y oppose. » Il doit être une heure du matin. Ils veulent le voir, le pleurer, tout de suite. On doit leur cacher quelque chose, il vit, ils l'ont vu, il respire.

Je leur explique que c'est bien la mort, que le reste n'est que le masque de la réanimation, qu'à l'arrêt des machines, tout sera fini. Je leur demande d'attendre quelques minutes, je vais aller enlever les machines, ils vont pouvoir le voir. Je ressens l'urgence. « S'il est mort, crient-ils, nous voulons le voir, tout de suite ! »

J'ai acquiescé.

Alors, je suis retourné dans la chambre voir mon patient, j'ai prévenu les infirmières et suis resté seul avec lui. Excuse de ma jeunesse, manque de confiance, erreur... Pourtant, plus de dix années d'expérience et je n'ai pas assumé, je n'ai pas su gérer. Je savais la famille attendant à la porte, leur urgence de le voir. Pour eux, ils l'avaient vu, son cœur battait, donc il était vivant. Je savais ma douleur, mes questions : et s'ils arrivaient dans la chambre alors que je venais de le débrancher ? S'ils sentaient son cœur battre encore, ils me diraient que j'avais menti, qu'il n'était pas mort !

Je n'ai pas trouvé la force d'assumer ce discours, de réexpliquer que son cœur allait s'arrêter, qu'il était mort, qu'il n'y avait rien à faire, que ça pouvait prendre quelques minutes, voire plus.

Alors, j'ai arrêté les machines, enlevé les tuyaux et comme son cœur battait encore, j'ai attendu. Et j'ai encore fait attendre la famille... Là, seul dans cette chambre avec lui, quelques minutes, le temps que son cœur s'arrête, comme coupable. Pourtant, il était déjà mort. Coupable de ne pas avoir assumé de laisser les siens le voir les quelques minutes où son cœur battait encore : comment auraient-ils pu comprendre ? Peur d'expliquer encore. Puis son cœur s'est arrêté. J'ai enfin fait entrer la famille. Il était mort, ils savaient.

Ma main souvent aimante a scellé son destin. J'ai cédé à leur urgence par ma peur. J'aurais pu le laisser sous machine quelques heures, qu'ils s'y habituent.

Je suis retourné dans mon bureau avec cette image : ce jeune homme en mort cérébrale et l'arrêt des machines, attitude normale quasi obligatoire, mais combien violente. Pourquoi ne pas laisser de temps. Ce soir-là, j'ai oublié l'amour, la générosité, le partage, la vérité, j'ai oublié le « Nous » pour abuser du « Je ». J'ai cédé à la raison par la peur.

Au milieu de mes pleurs, de ma honte, de ma peur, j'ai appelé Thierry, mon patron. Il devait être deux heures ou trois heures du matin. Je me souviens de sa voix, de mes mots, de la longueur de cette discussion. Je lui ai dit : « Monsieur, j'ai tué quelqu'un… » J'ai entendu son souffle, j'ai entendu son réveil, j'ai entendu sa voix me demandant de raconter. Il a pris son temps, m'a fait raconter toute l'histoire, toute la journée. L'arrivée, le bilan, l'examen neurologique, l'évolution, les examens complémentaires, la certitude du diagnostic de mort cérébrale, donc de mort clinique, les examens tous classés avec les comptes-rendus, le dossier que je suis allé chercher et lui ai relu. L'acte de couper les machines, de les arrêter. Oui, le diagnostic de mort cérébrale est certain, oui tout est documenté, donc tu as fait ce qu'il fallait faire. Oui, cet acte de couper les machines qui maintiennent encore ce corps en attente est violent, mais c'est comme ça. Il n'y a pas à ressentir de culpabilité, c'est juste ainsi.

Il doit être quatre heures du matin quand Thierry raccroche. Je crois que j'ai encore pleuré longtemps. J'ai compris, j'ai vu cette salope avec sa faux et réalisé qu'elle m'avait abusé. J'ai ressenti ce que pouvait être mon choix, mon engagement, mon amour et ma mission. Ce jour-là, le droit de tuer, comment vous dire, j'ai compris que c'était impossible. Ma main, ce lien indéfectible vers mon cœur, celui qui transforme le « Je » en « Nous », s'était affranchie de toute conscience. Le geste symbolisait tout. Ce geste que tant de réanimateurs connaissent et qui les malmène toujours.

Le chemin avance avec ses mots, les maux se posent et construisent les images, le discours se précise. La mort toujours présente comme la vie, le droit de tuer comme cette perpétuelle indécision qui peut rendre fou. Ce n'est plus du droit dont il est question, mais du ressenti entre l'humanité et l'acte. Oui l'amour doit être, oui la mort doit être également, mais celui qui accompagne, qui accepte, qui aide, qui est là au début comme à la fin quand la pensée devient poussière, ne peut par essence être celui qui, d'un acte déterminé, tue. On se retrouve encore face à la notion du choix et du possible.

Ce jour-là, de retour à la maison, j'ai pris mon fils dans mes bras, j'ai senti sa chaleur, j'ai senti l'apaisement. Ma main tremblait encore de ce geste. J'ai compris, j'ai vu la mort en face et compris qu'elle m'avait montré mes faiblesses. J'ai ressenti ce que pouvait être mon choix, mon engagement, mon amour et ma mission.

Cette ultime phrase est ce cri de celui qui n'a pas encore l'expérience pour assumer la normalité barbare de la situation. Non pas face à la vie où la mort, simplement face à la science et à la conscience. Être, c'est exister et aimer ; être, c'est accompagner. Quelle blessure peut amener à être et tout arrêter, d'un geste précis, calculé, incontournable. Quelle souffrance peut amener à ne pas considérer que la mort soit belle pour l'enlaidir de cette volonté innommable. Pourquoi ne pas laisser les machines encore quelques heures, même si on sait que tout s'arrêtera de fait. Pourquoi voler ce temps par peur. Je crois qu'au-delà de la symbolique du geste, l'acuité de l'acte rend la mort tout simplement inacceptable. Le droit de mourir devient l'absolue condition pour vivre et aimer. Pas celui de tuer.

Peut-être simplement travailler pour essayer de diminuer la peur, non pas de la mort, mais de la fin, ce qui l'inscrit dans une certaine durée. Comme chez nos amis et voisins que l'on prend en exemple. Ils sont allés au bout du jeu, au bout du choix, pas de geste actif, simplement le geste de faire soi-même pour ne pas faire porter à l'autre l'indicible horreur de l'acte de fin. Comme l'avait dit Thierry, « il va falloir vivre avec ». Ce soir-là, le whisky avait un goût différent, les verres se répétaient inlassablement pour trouver la paix, pour oublier. Jusqu'au moment où l'inconscient coupe cette main traîtresse et permet le sommeil. Tu sais que tu peux accepter la mort en respectant la vie. Tu sais que rester dans cet accompagnement au-delà du jugement, c'est aider, c'est apprécier la vie avec sa force. Ainsi, le choix d'arrêter devient beau et assumé. À ce moment, face à la mort, tu gardes encore la main. C'est notre vérité, notre responsabilité, notre amour de l'être et des êtres.

Prendre nos « Je » pour en faire des « Nous ». Des « Nous » permanents, indissociables, le « Nous » qui devient « Je ». Nous « suis » heureux de vivre et de décider du jour où cela s'arrêtera et nous « suis » content que toi et moi soyons pour que ce « Nous » s'intègre à mon « Je ». Alors, ainsi, nous pouvons avancer.

De ces histoires mêlées du moment où ces enfants se sont fait sauter au moment où j'ai commencé à écrire, chaque chemin n'est finalement que la perpétuelle quête du « Nous ». Nous n'avancerons avec la dame en noir que quand elle saura que s'attaquer au « Je », c'est provoquer le « Nous », que le « Nous » oublie le « Je », mais que le « Nous » sait, et accepte la fin. Cette fin si belle et pourtant si triste, si complexe, mais si sensée, cette fin où je t'accompagne parce que je t'aime au sens de l'humanité. Aujourd'hui, mon chemin se joue de ces témoignages. La vie est, le temps est aussi et, finalement, c'est ce temps qu'il nous reste. La main se lève vers la caresse et oublie l'arme. Le jour où la vie et la mort se rencontrent pour n'être qu'un dans cette finalité insaisissable du temps qu'il nous reste à chacun.

12

Tu me tueras, si besoin

Mes nuits sont plus calmes, l'image qui me hantait a disparu. Mes mains sont de nouveau aimantes, mon deuxième fils est né et chaque instant me rappelle ce lien vers la main qui apaise. C'est le square avec sa balançoire, l'apprentissage du vélo, la main, toujours elle, qui te prend le cœur et protège. Parfois, dans des moments de solitude, la mort revient taper à ma fenêtre, mais je commence à la connaître, à jouer avec elle. Elle ampute moins mon sommeil, me pousse encore parfois vers le verre de trop ou vers la poussée d'adrénaline sur la moto. Je la contrôle, je l'oublie.

L'expérience continue et l'opportunité m'est offerte d'être médecin responsable dans une autre réanimation. Les questions restent les mêmes, mais les réponses se forgent humainement dans la bienveillance, même si les maux aussi sont parfois plus forts que les mots. Encore une fois, un Pierre entre dans ma vie. Il est chirurgien, chef de service, dur au mal et dur à vivre, travailleur acharné, dévoué à ses patients et à son art.

Tant ma liberté d'action de réanimateur fut totale entre réanimateurs, tant je découvre un monde différent, celui du bistouri où le chirurgien sauve et où, pour certains, le réanimateur tue. Ici, c'est la même équipe, Pierre se bat en opérant le jour ou la nuit. Nous nous battons après en réanimant jour et nuit. Il existe une cohésion fidèle qui apporte une communauté d'échecs comme une communauté de réussites. Chaque moment face au malade, nous pouvons nous retrouver et discuter de différentes opportunités médicales ou chirurgicales. C'est l'ouverture du champ des possibles, c'est le partenariat pluridisciplinaire dévoué à la vie. Notre chemin s'ouvre sur des territoires alors inexplorés avec des indications de chirurgie extrême de transplantation : le cancer avec des tumeurs pulmonaires ou médiastinales, la médecine avec des pathologies chroniques invalidantes, le cœur pulmonaire chronique post-embolique ou la mucoviscidose. Chaque fois, la discussion existe, on fait, on ne fait pas, on tente, on ose, on se bat. À chaque fois, les équipes se réunissent, discutent, partagent, pleurent.

Ce matin, ce samedi-là quand mon téléphone sonne, j'attends la joie et je prends la peur. C'est mon ami d'enfance, presque 40 ans que l'on se connaît. Élevés par des parents proches, partenaires des journées d'école comme des moments de jeu entre copains. C'est lui, hospitalisé là-bas dans cette grande ville, qui vient d'entendre son médecin : « On a trouvé un ganglion, l'analyse démontre qu'il y a une tumeur cancéreuse quelque part, mais il y en a partout. Le scanner retrouve un cancer médiastinal généralisé, le pronostic est effroyable. Pas de temps à perdre, il n'y a pas de chirurgie possible, survie estimée inférieure à six mois. On démarre la chimiothérapie lundi. »

D'un seul coup au téléphone, le poids de l'amitié pousse la chape de plomb. Restons rationnels : il ne semble pas y avoir de diagnostic précis, si c'est un cancer, où est caché le primitif ? Une chimio sur quel type de tumeur ? Pronostic effroyable, pourquoi ? La réponse est simple : « Tu montes à Paris, je t'hospitalise et on fait le point sur cette merde. On recherche la cause de cette chose et si cause identifiée, on regarde comment ou si on peut traiter. Pas de chimio lundi, mais lundi, tu prends le train et on se pose. »

Son hospitalisation à Paris fut l'occasion de discuter de beaucoup d'éléments et notamment de la mort, de sa mort. À la question simple (il paraît que c'est comme ça qu'on dit !) : « Si c'est confirmé, si je dois mourir, si je suis dans la souffrance, tu m'aideras à partir ? Réponds-moi les yeux dans les yeux », ma réponse fut aussi bête et triviale que ma vie : « Oui, un grand oui, dans les yeux, je serai là. » Il a subi plein d'examens à la recherche du primitif, éliminant toutes les causes autres que le poumon, puis le diagnostic fut posé. Je me souviens encore de cette discussion avec Pierre : « C'est la merde, il est inopérable, je vais l'adresser à un copain chimiothérapeute imaginatif dans le cancer du poumon, il retournera chez lui suivre ce traitement et on verra dans trois mois si ça a diminué et si on peut l'opérer. » Vous avez déjà, je pense, réfléchi à une chimiothérapie imaginative, tu vois l'artiste, le cancérologue inspiré qui imagine le traitement qui va peut-être aider ton pote !

Jusqu'à ce samedi trois mois plus tard (eh oui, on bosse le samedi !), lorsque sa cancérologue m'a appelé. « Je tiens à vous prévenir, je viens de voir votre ami, la chimio n'a eu aucun effet, nous l'avons staffé avec l'équipe du CHU et on ne peut plus rien faire, nous allons le mettre en soins palliatifs et lui apporter du confort. » À cet instant, je me pose, je me souviens de mes promesses, je réfléchis et j'attends l'appel de ton ami. Oui, d'accord, c'est un peu lâche, j'aurais pu appeler, du style : « Salut c'est moi, je sais que tu vas mourir, alors j'ai pensé, comme je te l'avais promis, viens me voir et on fait ça tous les deux. » C'est lui qui m'a appelé et je lui ai proposé de l'hospitaliser de nouveau. De nouveau, nous avons discuté. De nouveau, j'ai confirmé les yeux dans les yeux que maintenant que le diagnostic de mort était posé, alors je l'aiderais à partir. Je n'ai pas dit le tuer, j'ai dit l'aider et c'est ce dont nous parlons depuis le début ; tuer est un acte immédiat, brutal et rapide, impliquant une action formelle, accompagner est peut-être un acte sous-entendu, mais moralement un accompagnement bienveillant.

Je suis allé revoir Pierre, et il s'est effondré. Il s'appropriait l'histoire de cet homme de quarante ans qui allait mourir. Il est venu le voir : « J'ai peu de chance, la chirurgie peut être lourde, les séquelles possibles, mais on a peut-être une chance, j'ai envie de vous opérer, d'essayer, car vous êtes jeune et vous pouvez supporter. » Il s'est fait opérer. Suites compliquées mais simples en réanimation, espoir ressuscité puis retour chez lui, là-bas, loin. « Si tu arrêtes de respirer, si tu sens la douleur, la souffrance, tu m'appelles et on revoit le projet ensemble. Normalement, il est prévu que tu ne passes pas Noël, alors on verra. » Il a quand même bénéficié d'une petite radiothérapie en plus.

Et puis, nous avons fait le tour de tout, de la vie, de la mort, du droit de mourir, du droit de décider, de la mise en soins palliatifs, du traitement de confort, du moment où cela pourrait s'arrêter. De cette analgésie profonde qui t'endort progressivement et te laisse partir en soignant tes souffrances, sans t'obliger à vivre, simplement en t'autorisant à t'en aller. De l'impossibilité que j'avais déjà exprimée, c'était son premier mot : tu me tueras si besoin. Non, jamais je ne te tuerai, mais toujours à toi et à d'autres, j'apporterai ma science et mon amour pour t'aider à partir. Je n'ai pas eu la formation de bourreau, j'ai eu celle d'homme, alors tu partiras en homme debout dans tes idées, accompagné des tiens et de tes amis. Nul n'appuiera sur la gâchette, simplement nous mettrons tout en forme pour que tu te reposes au plus loin sans souffrance, jusqu'à ce que ton corps dise « Off » et, à ce moment, aucun geste ne sera fait vers le « On ».

Et puis, ça fait presque vingt ans maintenant qu'on boit des coups ; non, il ne boit plus de peur de mourir, mais il vit de cette mort qu'on a trompée.

13

Il est parti comme il avait choisi

Des journées de réanimation, des soirées avec les enfants, en famille, avec mes potes qui se succèdent, alternant des nuits de garde répétitives et chaque fois pourvoyeuses de leurs lots d'échanges et d'émotions. Ce lien intéressant avec les équipes qui partagent le quotidien, cette proximité dangereuse de ceux qui, ensemble, vivent l'échec ou la réussite, mais toujours avec la belle noire qui se promène dans les rêves de tous.

Cette dichotomie permanente entre la rudesse de tes émotions, de tes ressentis au boulot, en équipe face à la maladie et la vie quotidienne, plus simple, moins violente où, parfois, l'émotion banale te paraît terne. Ce sens aigu qui te démontre toujours que, face à la souffrance ultime, enfin les humains se montrent nus, sans peur. Chose que tu ne sais appliquer à ton quotidien.

Chris vient d'être hospitalisé en urgence, il a du mal à respirer... Reprenons. Chris a 21 ans, il souffre de mucoviscidose. On le connaît bien. D'année en année, depuis l'âge de 14 ans, quand sa fonction respiratoire a commencé à décliner, il venait consulter. Sa vie, depuis, c'est kiné tous les jours, antibiotiques souvent, masque pour respirer la nuit et parfois la journée depuis un an. La mucoviscidose, c'est cette maladie qui atteint le pancréas, les poumons et qui détruit tout progressivement. Chris, il la connaît bien, il se gère seul, il poursuit ses études de droit, il est vivant, il se bat.

Depuis un an, les choses se sont aggravées, il a plus de mal à respirer, il vit un peu moins bien. D'ailleurs, à la suite des derniers bilans datant d'un an, on l'avait inscrit sur la liste de transplantation. Depuis, il attend un poumon, deux poumons ou un bloc cœur-poumon. Désormais, ça se complique. D'habitude, il ne vient pas en réa, il vient en hospitalisation conventionnelle avec sa machine pour respirer. Il ne respire plus correctement, il fatigue. Vraisemblablement, une nouvelle infection pulmonaire à traiter le fait de nouveau reculer du double du chemin qu'il a déjà parcouru. Il est dans sa chambre avec sa famille, on se connaît. À mon entrée, un large sourire éclaire sa face « salut Doc », il a encore maigri. Il respire difficilement, sa famille est à ses côtés. Ses mots sont clairs : « Tu vois Doc, j'attends toujours cette putain de transplantation et je vais mourir là comme un con. J'y croyais quand même ! » Je croise le regard de son père. Ce genre de regard qui te rappelle pourquoi tu es là. Ce regard qui te ramène à la stupidité de certaines de tes réflexions. Tu vois, lui, pour son fils, on pourrait imaginer, il pourrait penser le droit de tuer. À cet instant, dans cette chambre, tu regardes cet homme qui voit son fils décliner et qui pense à ceux qui ont refusé le don d'organe, à ce fils mort qui pourrait sauver le sien. Tu te dis qu'il pourrait prendre sa voiture et en buter un ou deux, afin de donner un sens à sa vie et à celle de Chris. Et là, tu ressens toute l'humanité de cette destinée, son sourire, sa main qui tient celle de son fils, sa femme un peu en retrait qui n'ose même plus parler, car chaque mot est larme.

Pour Chris, ça devient compliqué, il a été mis en liste prioritaire, car il va mourir. On va essayer de traiter la nouvelle infection, mais on sait qu'une greffe sur un terrain d'infection est risquée, on va essayer cependant. On sait aussi, il sait, ils savent que si son état s'aggrave encore, on ne pourra rien faire. À chacun d'entre nous, on proposerait une assistance respiratoire pour guérir et passer le cap. Lui, ça ne servirait à rien, c'est le poumon le malade, il faut le changer. Il sait que nous ne pouvons l'endormir, car on ne guérira pas son poumon, il a compris que si on l'endort pour l'aider à respirer, il ne se réveillera jamais. Ce soir-là, il va un peu mieux, il respire, quelques jours ont passé, les antibiotiques ont fait effet. On est revenu à l'état presque antérieur, mais ceci sent la fin. « Hé Doc, maintenant que les parents sont partis, je crois que c'est la fin de la route, j'arrive plus à me battre. Dire qu'il faudrait tuer quelqu'un pour me faire vivre, c'est trop con. Hé Doc, tu m'aideras à m'en aller si la respiration devient trop dure, tu feras en sorte que ça se passe gentiment, m'endormir, putain m'endormir sans peur de demain. Dis, tu me mettras un peu plus de morphine, style que je prenne un pied monstrueux à la porte de derrière. »

Assis à côté de lui, il sait que je suis là, on en a déjà parlé. On a évoqué le droit de tuer et le droit d'aider à mourir, on a évoqué le geste qui tue, celui du bourreau et celui qui amène doucement à l'autre rive, le geste de l'amour. Il sait, il est d'accord sur mes principes, sa famille sait aussi. Ce soir-là, je suis resté longtemps avec lui, on a parlé, de moi, de ma vie, de mes rêves.

Il est 16 heures un autre jour, le fax est tombé, un poumon est disponible, ce n'est pas la meilleure chose pour lui, mais c'est mieux que rien, deux poumons, ça serait mieux, ça enlèverait toute la maladie. Chris est content, je passe le voir dans sa chambre : « Hé Doc, tu as vu, c'est cool, ça y est, j'ai le droit de vivre », puis un peu trop fort pour le silence de la chambre : « Hé Doc, tu ne me laisses pas crever, hein, je flippe », « Tu vois Doc, j'étais prêt à mourir, mais là j'ai vraiment envie de survivre, de vivre enfin, de continuer mes études, une chance ce poumon. » Et puis les préparatifs, Pierre, longue discussion avec moi sur le greffon, les chances, et puis le bloc. Il est quatre heures du matin, Chris est revenu dans sa chambre, il est encore endormi avec une machine qui l'aide à respirer, le nouveau poumon semble aller. Il existe certains indices toutefois qui m'inquiètent : un besoin de drogues pour maintenir sa tension artérielle, une dépendance à l'oxygène un peu trop élevée. La situation pourrait être plus claire.

Je suis dans la chambre depuis une heure et comme toujours, quand je flippe dans ces cas-là, je m'assieds sur une chaise à côté du lit, immobile, et je regarde le malade, la machine, les urines, le malade, la machine, les urines, le malade… et je ne bouge pas, je cherche ce que je loupe, j'essaie de comprendre où je peux être meilleur.

Pierre est entré, il s'assied à côté de moi et reste immobile. Je sens qu'il n'est pas content comme il le devrait. Il reste silencieux, ça fait trente minutes qu'on est là à tout regarder. Il me pose la main sur l'épaule, cette amitié de l'instant, cette complicité, et me dit : « Je me barre, suis crevé, vais dormir dans mon bureau, je suis là. » Il sait que je reste, il sait que c'est mon tour. Il continue : « J'ai eu du mal, il a un poumon très malade, alors le mono-pulmonaire, ce n'est pas le top, le poumon restant est infecté donc faut laisser les antibiotiques, mais faut lutter contre le rejet et puis sa tension, et puis je sais plus, faut que je dorme, merci. »

Cette nuit ne fut pas plus longue que les autres, simplement une vraie nuit. Je suis resté avec Chris jouant avec mes outils de docteur. J'ai discuté avec ses parents qui campent maintenant dans la chambre, j'ai continué la lutte commencée, promise. Le temps a passé d'heure en heure. Ce temps seul où tu sais qu'une heure de gagnée, c'est une heure de gagnée. Le matin et les jours suivants, on a continué le combat. Chris s'améliore, progressivement. Ce matin, on lui a enlevé la sédation, il est réveillé, il sourit à sa mère, à nous. Il a encore besoin de la machine pour respirer, mais est présent, on va le sevrer. Je ne dirais pas qu'on boit le champagne, mais presque, comme je lui ai dit, le champagne, on le boira dehors quand tu seras sorti. Il arrive à partager par écrit et le sevrage se déroule bien.

Aujourd'hui, Chris va mal, il sent sa respiration difficile. Alors que la machine ne l'aidait presque plus, on a dû augmenter l'assistance. Je suis auprès de lui. Sa main se pose sur la mienne, pour me rassurer, il sait. Il sait que ce nouveau combat est celui de trop. Nous savons, sa famille sait. On en a discuté longtemps dans la journée, son état s'aggrave, il va falloir le rendormir, mais on n'a plus de ressources. Sa famille a l'autorisation d'être là en permanence, il est très entouré. Pas de larme, un unique espoir qui s'envole, une réalité tant de fois proposée, rêvée, vécue, imaginée et qui se précise. Alors on va l'endormir, et essayer encore, mais on sait déjà. Oui, il aura sa mini-toxicomanie permissive hospitalière autorisée, le shoot de fun. Et puis, petit à petit en quelques jours, tout s'est dégradé, il est parti dans l'amour des siens, doucement, sans souffrir.

Encore un combat de perdu, une victoire insuffisante, mais la victoire de cette vie que tu désires. Vivre et mourir sans souffrir et mourir sans tuer, simplement partir sur ce petit chemin où les cailloux sont blancs, s'en aller, évaporé en douceur. Ce jour-là, c'est bien fatigué que je suis rentré à la maison. J'ai traîné un peu à moto, j'ai vu le premier feu rouge si rouge, je me suis dit que c'était le destin, j'ai accéléré, et je suis passé. « Conduite odalisque », diraient mes amis psychiatres. Attitude stupide, prise de risque inconsidérée, besoin d'oublier la réalité à laquelle je me trouve confronté grâce au frisson de la peur ?

Enfin, je suis rentré. La chaleur de la maison, les enfants, la vie, ce besoin de silence à chaque retour que ta famille t'octroie, simplement parce qu'ils devinent. Peut-être ces mots que tu ne sais pas dire. La vie continue. Ce jour-là, le droit de tuer, ça me fait toujours vomir. Ce jour-là, la vieille avec sa faux, on l'a battue, deux fois même : une première fois lors de la greffe et une deuxième fois aujourd'hui, car il est parti comme il voulait, droit, en la regardant dans les yeux. Non mais, la dame en noir, tu ne vas quand même pas choisir l'heure !

14

La lumière ne s'allume pas si loin de là où elle s'éteint

Finalement, je ne me résous pas à quitter ce service pour continuer mon chemin. D'histoires qui vont du droit de tuer au droit de mourir, mon envie s'arrête sur ces expériences de vie. La transplantation : ce moment magique où tu trembles entre la vie et la mort. Des périodes faites autant de larmes que de rires. Les histoires se répètent sans se ressembler, et pourtant si similaires qu'aucune émotion ne peut te rendre indifférent.

Je l'ai connu au début de mon activité avec Pierre. Un patient, François, avait bénéficié d'une double greffe « cœur-poumon ». Il était arrivé inscrit sur la liste de transplantation, appelé au cours de la journée pour venir en urgence. C'est la troisième fois pour lui.

Il a déjà été appelé, déplacé, préparé, deux fois. Par deux fois, il a vécu l'espoir de la vie et la préparation, le rasage, la douche, et puis stop ! Mauvais greffon, retour case départ, case « mort ». Par deux fois, il est venu tout sourire en urgence, par deux fois nous avons plaisanté, par deux fois il est reparti avec sa maladie, sa peur, ses soucis, ses rêves de vivant.

Cette fois-ci, je le sais, c'est la bonne, il est parti au bloc, l'équipe est en train de revenir avec le transplant. Contrairement à l'histoire précédente, il est encore en bonne santé, greffé ou proposition de greffe au bon moment. Comme on a l'habitude de dire entre nous « être transplanté le jour de sa mort ça augure peu de bonnes choses ! » C'est toujours cet enchaînement : inscription sur la liste d'attente de transplantation, attente parfois trop longue, puis aggravation et enfin un malade qui devient si fragile que tu ne sais pas si la greffe ne sera pas en fait une complication de plus. Dis, on pourrait les greffer en bonne santé ? Lui, on le sait, il va bien, il est au moment optimal, grave ce qu'il faut, mais pas encore mourant. Il riait avant de partir au bloc, heureux de cette résurrection. Il plaisantait sur son donneur, ce gamin inconnu qui avait embrassé un camion sans casque. Rien ne se crée, tout se transforme et la lumière ne s'allume pas si loin de là où elle s'éteint.

Et tout a marché comme écrit dans les livres, transplantation cœur-poumon, réanimation courte, réveil précoce, douleur contrôlée, traitement antirejet toléré :

allez, trois semaines et il rentre chez lui. C'est la fête ici, la famille est venue, on boit un coup, on fête le destin, on mange la faux en chocolat, on abuse. Les discussions ne sont plus les mêmes, il pense à celui qui l'a sauvé. Il a parfois du mal à dormir et se réveille dans le corps d'un autre. Il assume ce cœur qui bat, mais parfois se dissocie un peu et cherche la présence intime qui l'habite. On le sait, ce combat entre deux est le sien et il devra le comprendre et l'assumer.

Et les années passent, il va bien. Il passe chaque année faire la révision : épreuves fonctionnelles respiratoires, bilan cardiaque, tolérance des traitements. La première année, il a recommencé à courir, il sort, il voit ses amis, il pratique du sport. Petit à petit, il court un peu moins, lors de son dernier bilan on avait parlé de bronchiolite, ça fait cinq ans qu'il est greffé. Il avait de nouveau du mal à bouger, à agir, il a eu divers traitements, mais la descente s'annonce doucement. C'est un peu la sale complication de certaines greffes, le traitement antirejet, multifactoriel avec création d'une nouvelle atteinte pulmonaire sur les poumons greffés. L'année dernière, la maladie semblait évolutive, il sortait moins, il riait encore, un peu moins qu'avant, le sursis de la vie, merde !

Pierre me prévient, François revient, sa mère vient d'appeler, il a du mal à respirer, on le reprend. C'est toute une équipe qui vit, qui vibre, qui pleure. François, ils l'ont connu avant, lors du diagnostic de sa maladie, puis pendant l'aggravation, enfin la liste d'attente, la transplantation et la renaissance. D'un seul coup, ils ont connu les bilans annuels qui s'altèrent. C'est un peu un frère ou un cousin qui revient, un ami qui balance sur le fil de l'existence et qui subit de plein fouet la mauvaise tension du fil qui le fait tomber. On l'admet chez nous, je me souviens de son regard. Toujours clair, toujours battant, sans désespoir mais sans espoir, cette présence qui te bouleverse.

J'ai peur, peur de le revoir, peur de savoir, peur de mentir, peur de mon regard. Allez, les choses sont claires, la bronchiolite s'est aggravée. De deux choses l'une, soit on trouve une solution, soit c'est la fin. On va chercher le rejet, les corticoïdes, l'infection, on va chercher. Notre échange est clair : « Salut Doc » ou « Salut Igor », jamais mon nom n'a remplacé mon prénom. « Salut Doc, comment ça va, toujours à moto ? Tu sais, j'en avais une après la greffe, j'avais repris, je faisais de superbes balades avec ma copine, bon on ne faisait pas les cons hein, pas la peine de se tuer, c'est risqué la moto. » En l'écoutant, je me souviens de la dernière fois où j'ai mis la « poignée dans le coin » à moto pour aller encore plus vite, insouciant, inconséquent, jouant avec ma vie. Ce jour où j'ai nargué la mort, me croyant immortel. À cet instant, dans mes yeux, il n'y a que des larmes. Il continue à me raconter la vie, sa copine, sans pudeur, le plaisir, les difficultés physiques, mais le plaisir, le sexe, la jouissance, la sensation de cette présence divine qui l'inonde de bonheur à chaque heure et qu'on appelle la vie.

L'échange a été long, une partie de ma nuit de garde assis dans sa chambre, et puis cette question alors qu'il respire difficilement avec l'oxygène. « Dis Doc, ça t'est déjà arrivé de voir venir le sommeil et d'avoir peur, peur de ne pas te réveiller, peur que ce soit ta dernière nuit ? » Que répondre, que répondre sinon la vérité. Il continue : « Tu sais, c'est drôle, j'ai eu un sacré sursis, au moins quatre années de bonheur et de vie, mais là c'est grillé, je vais crever. Je le sais. Je fais un peu le fier, mais je sais que mon poumon est épuisé, que la bronchiolite est généralisée, que ça ne va pas s'arranger. Allez, on va faire des biopsies, on va traiter l'infection, on va balancer des corticoïdes, mais, Doc, c'est la fin. Game over. » « Dis, tu vas m'accompagner. Dis, tu ne me laisseras pas. Dis, tu m'aideras à partir. Dis, j'aurais pas mal. Dis, j'ai peur. » Ce soir-là, il était tard quand j'ai regagné ma chambre de garde, on avait pleuré tous les deux, moi de vivre et lui de sa vie passée.

Et puis la semaine est passée, biopsies, corticoïdes, antibiotiques, son état s'aggrave inexorablement. On passe beaucoup de temps ensemble, enfin, honnêtement, pas assez. On parle de ce destin de fou. De cette première mort qu'il a battue, de celui qui est mort pour lui, de cette renaissance, de sa première peur de mourir, de sa vie, de cette deuxième sentence dans cette vie où tout est permis et de cette deuxième mort attendue, prévisible, incontrôlable mais contrôlée. Il a de plus en plus de mal à respirer, il sait ma conception du droit de tuer. Il sait qu'il n'y aura jamais d'injection létale. Il sait que l'accompagnement, même court, sera là, hors souffrance et dans la bienveillance. On a augmenté les drogues pour qu'il ne souffre pas, tous les amis sont passés chaque jour, chaque heure, succession ininterrompue de vivants. Lors de la visite, il est presque endormi, j'ai augmenté un peu la sédation, il paraît reposé, il ne souffre pas. Sa main a pris la mienne par surprise, ce serrement imperceptible, ce passage, cet au revoir…

Et il est parti, apaisé ; je suis rentré comme d'habitude encore plus fort de mes incertitudes. J'ai pensé à ce droit de tuer, j'ai pensé à cette double vie, double mort. À ce combat avec la raison qui déraisonne, à ces virées à moto. Ce jour-là, le droit de tuer, plus que jamais, jamais.

Petit à petit, comme vous l'avez vu, par bribes de mon histoire, la toile se tisse entre l'homme, la mort et la vie. La question de l'amour, la question du droit, de la liberté de choix. Le choix de tuer, illusion de ce début d'histoire, a rencontré la liberté de mourir. Le droit de tuer est devenu inconcevable, inacceptable. Il nous impose de repenser notre science médicale avec amour et désir et contribue ainsi à humaniser l'inhumain.

Ceci est le parcours de soignant que je revendique, aider sans obligation de résultat, comme dans mon serment, simple obligation de moyen : moyen de laisser et d'aider à mourir, jamais de tuer. La certitude de l'accompagnement dans le partage, l'acceptation de l'inéluctable fin, la reconnaissance de la faux et le respect de l'accompagnement, nulle brutalité, simplement l'acceptation. Dans ce combat permanent, la mort qui donne la vie était présente, permanente, elle aurait pu donner l'autorisation de tuer, le droit de tuer simplement pour faire vivre l'autre. Ses parents qui n'ont jamais acheté de fusil pour tuer celui qui allait faire vivre leur fils. Ce respect de la vie et cette injustice permanente qui t'imagine aujourd'hui vivant et demain donneur de vie. Jamais ce don de vie ne fut autorisation de tuer. Alors ce jeu devient simplement l'humanité de poursuivre son chemin dans le respect de l'autre et de nous.

Finalement, ce chemin de vie, ces rencontres forgent l'esprit dans l'acceptation. Acceptation de la finalité de l'expérience : résilience. Trouver un équilibre entre acceptation de la fin, reconstruction et résilience pour pouvoir vivre avec la souffrance vécue, la partager sans être submergé pour ne pas la faire porter à ses proches et survivre. Ce respect de l'autre, et surtout de son cheminement vers le fait d'accepter avec ses difficultés et ses détours, est au fond le ciment de ce qui nous anime, le goût de vivre. Que la douleur fasse tourner la tête, que les pleurs sortent sans réserve, c'est aussi la loi du chemin. Alors, de la vie à la mort, le droit perd toute justification, simplement l'acceptation, l'amour et l'accompagnement. Tuer n'est plus, mourir devient.

15
Pouvoir et déraison

Plus le temps passe, plus mon expérience se conforte, plus la réalité est prégnante et plus les choix sont difficiles alors qu'ils pourraient être simples. L'humanité qui sous-tend le propos se perd parfois dans d'autres approximations, même si les ressentis sont exprimés et les choix affirmés par la maturité de la souffrance. De temps passé auprès des malades aux ressentis vécus dans l'intimité de mon foyer, mes maîtres premiers deviennent mes collègues. Mon sentiment a mûri, les vérités ont évolué sur le chemin de chacun et la conscience du factuel n'est que l'expérience du non-dit. Faire, agir dans l'urgence avant de penser, puis réfléchir. Intime conviction du bien entre moi et moi ! D'amour en mort, de jouissance en détresse, le temps a passé.

Petit à petit, inexorablement, le mur se construit entre moi et l'humain. Je ne sais plus si j'aime ou si je survis, parfois mon émotion est telle que ma solitude grandit.

Partager avec la mort, la reconnaître, l'apprivoiser, l'aimer. J'essaie de jongler entre ces souffrances qui me portent et la vie que je construis. Enfants, famille, tout y passe. Absurdement, mes ressentis détruisent ou fragilisent ma vie.

Un de mes maîtres m'avait dit : « Continue ce métier et de chaque moment douloureux non résolu, charge ton sac à dos. Un jour, quand le sac deviendra trop lourd, il sera temps d'arrêter. » Alors j'ai continué, des rires avec mes enfants aux sourires dans le service, des pleurs avec les familles aux blagues entre amis. Deux mondes qui cohabitent, et pourtant. Deux vies dans une vie, qui sait où je suis. Nouvelle réanimation, nouveaux confrères. Je ne suis plus junior apprenant, je suis senior découvrant. Je suis celui qui est derrière la porte que tu pousses quand tu as peur ou que tu ne sais pas et de moins en moins celui qui pousse cette porte pour y trouver la réponse ou le réconfort. Derrière cette porte, aujourd'hui, il y a moi, et derrière moi, moi. Quel effort et quel émoi !

Il a trente ans, a été opéré en urgence d'une occlusion (il est bouché, ne va plus à la selle). Il est en état de choc, détresse vitale, chirurgie de sauvetage. On découvre un cancer lors de l'opération. Pas le petit cancer qu'on apprivoise, mais le gros, le méchant, celui qui lentement s'est insinué dans son corps, celui qui a tout colonisé, celui qui s'est caché. La mort insidieuse, douce, qui a pris possession et vient te sourire.

Son sourire n'est plus tranquille, elle affiche le destin, elle affiche la fin au moment du début...

Le diagnostic chirurgical est impitoyable. « Carcinose, envahissement, dépassé », tous les mots y sont. En gros, ça veut dire : je découvre, je sais, je comprends, j'ai perdu. En face : trente ans, trois enfants, le bonheur, un métier, un amour, un avenir. Et ce jour-là, la discussion ultime, la survie de l'espèce. Nous sommes tous réunis, le patient a été admis dans la nuit, son état est très grave, le pronostic à moyen terme est effroyable et le pronostic à court terme est engagé. Ça veut dire : il va très mal et peut mourir dans les vingt-quatre heures, mais si on se bat à fond, on peut le sortir de là ; pour autant, il a peu de chance de vivre trois mois.

À ce moment, comme il est d'usage, nous nous réunissons tous pour en parler. Dans ce lieu, cependant, ce sont les médecins qui se réunissent pour discuter. Pas d'infirmière ou d'aide-soignante comme à mes débuts, ici, on les informe après. C'est un autre univers fait de savoir et de connaissances qui ne franchissent pas la limite de l'humain sachant, le maître et ses élèves dans leurs cours privés. La discussion est sereine, le staff est attentif, silencieux, il y a les jeunes externes, les internes, les chefs, tout le monde médical est là. Certains parlent, d'autres écoutent, c'est la maison du pouvoir de la science, c'est la maison de la conscience. Quand la décision vient, les questions sont ouvertes à ceux qui osent parler. Nous décidons donc collégialement de nous battre au maximum pour lui donner une chance de revivre un peu et, qui sait... pour également permettre qu'il revoie ses proches, qu'il partage, qu'il se prépare. Avant ce moment, la famille a longuement été vue, leurs choix, leurs désirs ont été écoutés, ressentis, on va se battre avec eux, à leurs côtés. Lui est endormi, choqué, inconscient de ce qui se trame. Seule sa famille vivra le moment. Lui, endormi, participera peut-être sans l'exprimer, de façon implicite. Il va falloir qu'il nous aide.

Et nous avons continué de jour en jour et le combat s'est amplifié. Cela fait maintenant plus de trois semaines qu'il est là. La réalité est faite de petites victoires, mais aussi de lourdes défaites. Nous avons réussi à stabiliser les choses, il a l'air de s'améliorer. Nos échanges avec son épouse deviennent plus faciles. Elle est là, présente chaque jour, elle commence à craquer, se demandant si tout cela est nécessaire, mais une phase d'éclaircie se profile. Il semble sortir du jeu, les constantes vitales sont rétablies, les drogues sont diminuées au fur et à mesure. On commence à le réveiller et il peut écouter, sentir la main de sa femme, de ses enfants sur lui et le baiser de chacun. On tient le bon bout. Leurs visites sont plus douces, il est encore faible, mais il sourit, il réagit quand sa femme lui parle, il lui serre la main, on avance vers le dénouement. Cette lutte acharnée a permis de créer ce moment où l'échange avec les siens est possible. Il s'était endormi sans savoir, presque déjà mort pour ses aimants, compte tenu du diagnostic, et puis il revient partager les au revoir, échanger. On sait peut-être que cet échange sera de courte durée, mais il existera. Ce combat semble justifié, on ne s'est pas battus pour rien. Quel que soit le pronostic ultime, on va le ramener vers les siens. Tout est calme…

Souvent, le calme est relatif, il cache la pression. La dame à la faux, joueuse, se dissimule, te rassure puis réapparaît. Toutes les décisions prises sont remises en question, tu perds tes repères. Violence infinie des sentiments, jeu subtil de l'ego face à l'impuissance, paradoxe de l'homme de science et du pouvoir. L'histoire se répète. Ce matin, le staff est différent, son état s'est aggravé dans la nuit, l'équipe de garde s'est posé des questions, a attaqué de front le challenge, a poursuivi comme il est de règle. Pas de décision individuelle, on se bat au moins jusqu'au matin, on lâche tout sans réfléchir, sauf consensus préalable et investissement thérapeutique défini. On l'a rendormi, on a remis des drogues pour remonter sa tension, il est dans un état très grave, il semble y avoir un problème chirurgical. Décision est prise de le réopérer, car l'intervention peut être simple, mais permettre de guérir cet épisode aigu. On peut gagner, la famille est d'accord : tout tenter. Tout ? Tu sens parfois ta raison qui vacille. Mais c'est le programme préalablement défini, ça ne semble pas déshumanisé, c'est choisi, accepté et compris.

Alors, on y va… Et il survit à cette opération, mais il reste fragile. Son cœur bat, son poumon tient le coup, son rein nécessite la dialyse de façon temporaire, sa tension est encore maintenue grâce à des drogues.

Le combat continue. Et la vie reprend son cours péniblement, une semaine de lutte, l'issue semble acceptable. Nous sommes jeudi, je suis de garde, la journée a mal commencé, son état s'est encore aggravé, une défaillance, puis deux, puis trois. Ça veut dire que son organisme lâche, que l'on va perdre, que l'on peut perdre.

J'ai vu longuement sa femme, cela fait maintenant un mois que l'on se connaît, son aggravation est telle que notre traitement est déjà maximal, il faut poursuivre, mais savoir. Avancer et connaître, comprendre. Son épouse est proche, très proche, très informée, elle sait le mois que nous avons partagé, elle sait que le moindre élément peut précipiter les choses, elle a compris. Elle a compris ce combat, elle a compris la fin possible, elle sait que tout a été tenté, elle n'est pas résignée, mais lucide : elle se prépare.

C'est l'heure de la contre-visite comme chaque soir. Vous savez, après la messe du matin, il y a la confession du soir. L'endroit où l'on se retrouve devant les chambres des patients, où l'on évoque la journée, où l'on évoque les aggravations et les améliorations et surtout les consignes et les indications pour l'équipe qui reste, celle qui va rester seule la nuit et tout gérer. C'est la table d'orientation avec la lumière avant la nuit profonde. C'est le moment de la dernière lueur du jour et peut-être la future de l'aube, pour ceux qui seront encore là ! Je suis avec l'équipe et nous discutons du cas de ce patient, tout a été fait, mais on risque de perdre, peut-être cette nuit. Plus rien ne marche, les défaillances se multiplient. Après ce mois de travail d'équipe, ces discussions avec la famille, ces partages. Après cette presque victoire, ce combat de Titan, encore une épreuve, mais cette fois, nous ne savons que trop. Tout est presque calme, dans l'acceptation, dans la lucidité, dans le respect de l'évidence. Et d'un coup, le tonnerre se lève, l'orage arrive...

Un des médecins dit qu'il faut essayer une nouvelle technique, son foie ne marche plus, on va le dialyser. Nous savons tous que cette technique n'apportera rien, qu'il y a déjà plusieurs, trop, de défaillances, qu'on a perdu, que sa famille est préparée. Notre métier est aussi fait d'expérience ; je suis déjà un vieux réanimateur. La discussion continue, s'enflamme, s'écarte. Il veut de toute façon mettre en route cette technique, il ne raisonne plus. Ses pensées sont figées dans les méandres de sa peur, de sa conscience, de ses croyances. Il impose. La collégialité a disparu, l'humain s'est perdu. Il impose, il décide, il va me reprendre la garde, il va mettre en place cette dialyse hépatique, il va le sauver. Il prend le pouvoir et me sort du jeu. Nous sommes dans l'ego, la puissance du médecin. Je n'ai pas d'ego à ce moment, tout était préparé, tout semblait serein, ce fracas n'est que l'expression du sien dans l'affirmation de sa vérité unique, insondable, infondée, irrévérencieuse. Nous savons que c'est peine perdue. Mais là, ce n'est plus le médecin rigoureux, scientifique, posé, réaliste qui parle, c'est l'homme médecin qui craint la mort, qui la refuse, qui veut tout faire, quitte à faire ce qu'il ne faudrait pas, simplement pour survivre à sa peur. Les vieux dogmes de l'éducation judéo-chrétienne apparaissent. L'homme n'est plus le médecin, il est le croyant. Son cœur a pris son esprit, sa raison s'est perdue, sa peur est immense, ses injonctions paradoxales, son choix assumé, imposé, sans combat, sans discussion, loin de mon serment, loin de ma vie.

Il a pris la garde, l'échange fut brutal, perte de confiance, décision non collégiale, irraisonnée pour certains. Il a décidé de mettre en place cette technique. Il a vu son épouse qui ne comprend plus, il a donné un nouvel espoir, il va réussir à le sauver. Il a combattu son démon intérieur acceptant de sacrifier sur l'échelle de son jugement un mois d'échange avec une femme, une famille, des humains. Devrais-je dire que la nuit fut agitée, qu'il a combattu, que ce combat a duré deux jours avec des tuyaux partout, des saignements. Devrais-je dire que le champ de bataille apaisé, que nous avions construit, est devenu un champ de ruine. Deux jours de combats avec une équipe qui ne comprend pas, deux jours et brutalement la mort prévue, reconnue, présumée et assumée, prédite : la vérité.

J'ai vu sa femme croire en un nouvel espoir et mourir avec lui. Au lieu d'accepter la mort et de la préparer, nous lui avions volé sa mort et proposé une illusion. J'ai compris une fois encore que dans ce métier, parfois, les convictions personnelles, religieuses ou non, dépassent l'entendement, parfois la raison. J'ai compris la force de l'ego. J'ai compris, comme je le vois parfois, que certains ne se résoudront jamais à perdre, quitte à faire payer plus cher à ceux qui restent. J'ai compris que le pouvoir médical avait un sens. J'ai compris que la décision devait être collective, j'ai compris encore la collégialité, j'ai revu le respect des vivants, j'ai reconnu l'espoir impossible du sachant qui oublie le mécréant. J'ai haï ce pouvoir pris par orgueil et par peur. À quel prix. Ce jour-là, le droit de tuer…

Ce soir-là, quand je suis rentré chez moi, j'ai bu. La gueule de bois du survivant qui n'ose regarder en face l'irréparable. La chronique d'une mort annoncée sonnait la chronique du désespoir ! Ce soir-là, comment expliquer, dans la chaleur de ton foyer, comment expliquer, à ceux que tu aimes, cette blessure de l'âme, cette souffrance intolérable. Les mots se posent, découvrant de nouvelles notions, de nouvelles errances, de nouvelles colères. Ceci devient une affaire de pouvoir. Ici, d'un seul coup, on passe du droit de... à l'interdiction de… et la mort en face qui se rit de nos querelles, mais gagne sa croûte tranquillement sur nos faiblesses. Le pouvoir prend la place de la raison, il devient le droit de ne pas laisser mourir, décuplant les peurs, oubliant les angoisses, oubliant l'humain. L'insupportable responsable, d'homme traitant, devient le décideur, au-delà des désirs et des engagements, au-delà de l'éthique professionnelle vers une nauséabonde fonction d'autorité branchée sur des peurs humaines inassumées.

Jamais au plus profond de mes nuits je n'oublierai ces échanges. Cet homme qui retrouve le lien avec son épouse, main dans la main. Cet homme qui revient de la maladie, comme pour dire au revoir avant de sombrer. Sa femme aimante, douce, qui sait, se prépare. Cet échange qui permet à la mort d'être le « Nous » plutôt que le « Je ».

Et puis ce choix assumé, le « je sais » qui tue, le « nous sommes » qui devient « tu es ». Loin de mon serment, loin de ma vie, une prise de pouvoir responsable devenue une arme de destruction massive.

Ces jours-là reviennent en boucle et reviendront toujours. Ces brutalités hantent nos rêves d'humain et se perdent dans l'alcool. Ce sont nos hontes, nos vies, nos détresses. Réanimateurs, nous le sommes pour aider à appréhender la fin et la vie, pour comprendre le passage, pour battre le temps, pour combattre la faux et le faux aussi. Le faux, l'ingrat, le dogme du pouvoir médical, le faux qui te découvre haineux, le faux qui te torture.

Nous sommes conscience, conscience de notre début, mais aussi de notre fin, de notre origine comme de notre devenir. Soignant et tout est résumé. Le droit de ne pas laisser mourir devient pire que le droit de tuer, mais il n'est finalement que le droit de ne pas être humain et humble. L'inhumain devient celui qui a le savoir, mais dont les peurs dépassent sa science et sa conscience d'homme. Ce pseudo pouvoir insaisissable du soignant, mais aussi de l'homme seul qui décide seul. L'ego devient le moteur d'une boucle qui tue plus qu'elle ne sauve. J'ai appris qu'il ne fallait pas voler la mort, surtout pas : qu'il fallait se l'approprier doucement, la partager, l'aimer, l'apprécier, l'attendre, la combattre. Qu'il fallait être l'humain du collectif, car ta seule vérité ne reste qu'une illusion de lumière face à tes peurs que souvent elle cache.

Laisser le droit de mourir, avoir le droit de vivre et perdre le pouvoir ! Le pouvoir médical qui permit à un homme de se perdre et de perdre une famille impuissante avec lui !

Le pouvoir médical qui s'oublie en flirtant avec des convictions religieuses ou personnelles qui ne sont qu'égotisme sans âme ou pseudo-générosité.

À celui qui dit, après des semaines de discussions, d'errances, de confrontations, d'allers et de retours, d'échanges et de convictions, à celui qui dit « j'arrive, je sais, je peux, j'ai la vérité », je réponds « Je ne t'aime pas. »

Ce n'est pas l'humain que j'exècre, mais la force d'un pseudo-pouvoir individuel autocratique qui a perdu son sens pour flatter sa démesure. La nuit restera toujours celle-ci : « C'est la table d'orientation avec la lumière avant la nuit profonde. » Nous sommes le lieu de passage et notre bateau aide les âmes à traverser. Mais ce chemin n'est qu'un immense travail de connaissance collective, un immense rassemblement d'humains qui ont à jamais oublié le pouvoir de décider à ce moment-là de façon unique.

Oui, je vais décider, me battre, imposer des principes de rigueur, de traitement, mais jamais je ne déciderai seul d'être la fin ou le moyen. Ce travail d'amour collectif permet d'accepter l'inacceptable et de proposer un chemin, même si c'est le dernier. Le droit de tuer produit symboliquement une image de pouvoir sans respect. Le droit de laisser mourir revêt encore une fois un autre sens, il devient l'autorisation de laisser mourir et oublie la notion de droit. Je n'ai pas de droit, mais je reste sur mes valeurs. Celui qui a trahi cette chaîne de vie s'est perdu sur le chemin de son ego ! À quel prix ! Faut-il en rajouter…

16

À un moment, il faut choisir

Les jours se suivent, les années passent. Les expériences se forgent. Le sac à dos se remplit. Le temps poursuit sa route, nous retrouvant dans nos émotions, nous perdant dans nos errances… J'allais dire nos erreurs et puis en fait, ce ne sont que des questionnements. Questions d'être à être qui alimentent la douleur parfois, le plaisir d'autrefois, la conscience souvent. Le temps et les désirs ravivés de souvenirs lointains, plus de dix ans déjà et toujours cette envie de se réparer. Se réparer de ce voyage libérien, se réparer de ces non-dits, même si ce n'était pas exprimé, guérir cette souffrance encore présente.

Un repas entre amis, à la maison et depuis quelques heures, un drame humain, Haïti. Cela fait vingt ans que je ne suis pas reparti en humanitaire, que je n'ai pu regarder les photos ou raconter ces charniers, ces chiens qui bouffaient les cadavres. Alors, quand la mort un matin frappe devant ta porte, quand la souffrance explose dans les médias, quand il n'y a pas d'autre évidence que d'être et d'exister, alors tu pars, tu te le dois. Je me souviens de ce repas. Je me souviens de la femme qui partageait ma vie à l'époque. Je me souviens de ces mots quand j'ai appelé Médecins du monde pour partir au plus tôt. Nous recevions des amis ce soir-là, encore à l'apéro, le téléphone sonne. « Départ minuit, on se retrouve à Roissy. » Vous étiez mes amis autour de la table, nous riions ensemble de ce départ rapide, je sentais en vous un peu de fierté de partager ce moment. Quelques verres encore et la discussion prit un autre tour. Celle qui partageait ma vie prit alors position, son propos fut clair : « Comment peux-tu partir et nous laisser ? C'est que tu ne nous aimes pas, tu dois faire un choix, soit tu restes, soit quand tu reviens nous ne serons plus là. » Au-delà de la connerie de ces propos et de la blessure narcissique, l'amour de ce métier, l'image du « Nous » que je connaissais dans la souffrance, dans la maladie et dans la mort fut remplacée par le « Je ». Peut-être n'avait-elle rien compris. Aller vers ce monde hostile, effrayant sans pouvoir s'appuyer sur ceux que tu aimes, seul, sans savoir, sans retour. Et je suis parti, en ayant scellé au fond de moi notre futur destin de couple.

Haïti, ce jour où la terre a tremblé, ce jour où l'avion des affaires étrangères nous a emmenés et ces atterrissages impossibles sur un aéroport détruit. Cette nuit insupportable dans un camp de vacances en République dominicaine, faute d'atterrissage réussi en Haïti. Cette nuit où, alors que la mort si proche était presque visible aux fenêtres, nous recevions les compliments de danseurs avinés. Enfin le lendemain, de nouveau landing (tentative d'atterrissage), landing, landing échec, landing puis Port-au-Prince.

Sur ce chemin, beaucoup de liens indéfectibles existent, de ces regards qui se perdent dans l'horreur. De ces images qui s'impriment sur nos cerveaux, de ces hontes bues, du sourire de nos deux François chirurgiens de cœur, de Corinne, de Sarah, de Romuald, de ces sourires perdus : mes camarades de mission. La mort, on ne la voit pas, ou plutôt elle est partout. Elle est dans l'odeur de ces ruines que tu traverses en auto et qui sentent la putréfaction, car le feu n'a pas encore éteint la nausée. De ces corps calcinés qui ressemblent à des vestiges d'un temps ancien. De ces engueulades pour une photo de trop, celle d'un corps calciné qui ressemble à un vélo... Et puis le travail au premier jour. Pas d'électricité, deux tables de cuisine, un espace vide, deux chirurgiens en armes, des Haïtiens pleins de bonté et des blessés par milliers. Ce premier jour où l'on trouve des médecins américains qui n'opèrent pas, car pas de courant, ce jour où nous décidons que notre groupe s'appellera SST (Surgical Sex Team) simplement parce que nous « flippons » et que les blagues grivoises sont les seules qui nous font sourire, simple image de notre peur.

Et ce premier choix avec mes deux François. Le supermarché de la mort, des allées remplies de blessés, pas d'organisation en cours, un regard qui se tend vers nous et que nous allons opérer. Pas de tri ce jour, la mort nous guette, mais on l'emmerde, on abat, on taille, on bosse. On a commencé à travailler, pas de lumière dans cette pièce anonyme, les chirurgiens font tout à la main. Le premier malade arrive, on le pose sur l'une des tables, allez, faut l'endormir. Bon, pas d'oxygène, on s'en passera, pas de scope, on s'en passera, pas de drogues, on s'en passera. Alors on fait quoi, un coup de marteau ? Non, finalement la kétamine retrouvée, allez, on injecte, il dort, on réinjecte, il redort… deuxième malade sur la table d'à côté et on continue. De temps en temps, avec un des François, on va chercher les suivants. En fait, on va devant l'entrée de la salle et ils sont là. Premier jour, on pioche à l'aveugle. Ce jour-là, le plus jeune opéré avait six mois, la plus vieille cent trois ans. Ce jour-là, Corinne la gamine a tout assuré. Ce jour-là, les Américains m'ont fait cadeau d'un petit saturomètre à pile, je l'ai encore, je pouvais surveiller le pouls. On avait trouvé une bouteille d'oxygène, le pied. Finalement, on en a opéré beaucoup, du nourrisson à la centenaire. Ensuite, on les a laissés aux mains de leur famille et on a rejoint notre base sans savoir s'ils seraient encore là demain.

Ce jour-là aussi, les politiques sont venus, le Président Clinton, humain et sage, qui m'a demandé si j'avais besoin de respirateur et qui, devant mon sourire (pas d'électricité !), m'a demandé ce dont j'avais le plus besoin. Il m'a donné ce jour-là la kétamine nécessaire apportée par G. I. Joe en personne.

La nuit est tombée, ces cons (mes François) opèrent encore à la frontale, allez un dernier… Il y en a tant. Ils ont décidé de soigner tout le monde. J'ouvre la porte (en fait pas de porte), je sors et il y en a des milliers en train de mourir. Je les endors comme je peux sans oxygène, sans machine. Je vois la faux qui me traverse ; allez, il faut aller dormir. Oui, il faut s'arrêter, oui, il faut rentrer, on ne peut pas continuer. Je regarde l'extérieur, je regarde les Haïtiens qui nous aident comme ils peuvent et semblent me dire « encore un », et je rentre me reposer. Je sens toujours la mort autour de moi. Dans la rue, pendant le trajet, je ne parle pas.

Je n'ai pas mangé, car pas encore de rations. Je vais aller dormir. On rentre au camp, tout va, on a bossé. On retrouve les autres, on pue la mort, on vend la vie, on déconne, on a peur, on se protège. Alors Romuald a trouvé des bières, du rhum, on picole un peu, il nous cajole, il y a à manger et c'est chaud. On se pose, on se repose, on se protège et on va se coucher, car demain, nouveau combat, on ne sait plus.

Je n'ose m'imaginer aller expliquer au juge pourquoi j'ai bu un verre après une telle journée, et que demain je recommencerai. Ben, monsieur le juge, c'était simplement pour pas crever et survivre ! La nuit prend sa place, la mort me réveille, sensation bizarre, j'ai couru, ça tremble, on est tous comme des cons à poil dans le jardin, on est sortis en urgence, ça tremble. On se compte, on se recompte et on va se coucher vivants. Le lendemain, tous ceux que l'on avait opérés étaient vivants. La mort se repentait dans son coin, mais elle s'était occupée de quelques-uns qui étaient déjà partis. Ce n'était plus de laisser vivre, c'était de soigner, de se battre dont il était question. Ce jour-là, ce matin-là, le droit de tuer, absurde, indécent, absent… mais demain, le droit de choisir, le droit de tuer. Autre choix, autre matin.

Nouveau matin, ou plutôt deuxième matin d'un temps qui passe si vite et qui est pourtant si long. C'est le début, pas encore d'organisation formelle, il faut innover, réagir, agir. Notre logisticien a assuré, on aura à manger ce midi, au fond on s'en fout un peu, mais quand même, allez un plateau (ration militaire pour chaque membre de l'équipe). Réveil blafard d'une nuit aussi longue que courte, nos gueules d'amour, les sourires, le « Hug » ou câlin collectif qui devient sentiment d'exister. Le 4X4 atteint la route qui ressemble à hier. L'odeur, toujours la même, de ces endroits où la mort rôde encore. Comme on se disait : « Tu pourrais faire le plan de la ville en roulant, quand ça pue, c'est qu'il y a encore des morts sous les décombres, quand ça ne sent plus, c'est que tous les corps ont été extraits des décombres. » Corps extraits et brûlés le plus souvent pour éviter les épidémies. On déconne dans le camion pour enrayer cette angoisse qui te coupe la parole, merci le cul, merci les vannes graveleuses, on est vivants. Certains bâtiments d'hier ont disparu depuis la secousse de cette nuit.

On arrive à l'hôpital sans savoir si notre bloc a tenu le coup. Et là, surprise, G. I. Joe est partout, checkpoint d'entrée, grille fermée, l'armée régule. Tant de misères en guenilles et G. I. Joe qui se pavane en uniforme et nous demande nos laissez-passer. Bêtise que nous subissons, inertie, dans son beau costume de soldat, protection des victimes, si détonnant ! Et puis, derrière la grille, le chemin ensoleillé, ou plutôt brûlé par le soleil, où j'avance entre des tentes de misère, où s'empilent les blessés que je ne peux même pas compter. Un calme au milieu du silence, pas de bruit, pas de cris, la souffrance muette ensoleillée. Notre bloc, au bout de l'allée, cette putain de salle avec ses deux tables en fer a tenu le coup. On prépare le matériel ; allez, trois minutes pour tout sortir. On a nos tenues de combat, jean, baskets et tee-shirt Médecins du monde, on crève de chaud à l'intérieur. « Allez », disent François et François, « on va faire les courses ».

C'est le mot… on sort de la pièce, petite arrivée en plein soleil, petite descente où je m'appuie pour ne pas défaillir. Devant moi : non, pas la jungle jusqu'au portail, simplement deux tentes énormes montées par des Canadiens où s'empilent des blessés rangés cette fois. Le supermarché du chirurgien : on rentre, et de lit en lit, de couche en couche, on regarde, on examine, on comprend, on recule, on flippe, on pleure (non, pas dehors !). Premier lit, nouveau souvenir, la mort est derrière lui avec sa faux, il sourit, me tend la main alors que sa compagne et les enfants autour remercient Dieu d'être vivants. Je regarde sa jambe écrasée jusqu'au bassin, je vois son sourire, je vois la main tendue. Je vois aussi le jaune de ses yeux, les cernes, l'image de la maladie. Pas la maladie que je connais, la maladie brutale que je reconnais. La mort en face, la gueule de celui pour lequel je me battrais afin de lui sauver la vie à tout prix. J'avance un peu, je discute à voix basse pour que la mort ne m'entende pas : « Non, lui, oui, on est d'accord ; non, lui, oui, mais il est entouré ; non, lui, non, on va mettre trois heures à l'opérer et de toute façon, désarticulation de cuisse, déjà la rhabdomyolyse, regarde, il est tout jaune ; allez, lui on ne le fait pas, il est déjà mort. » On va lui donner de la morphine, on va l'aider à partir (merci, ami docteur canadien) et on continue le marché.

Au supermarché du vice ce matin, on a dû en sélectionner dix. On fait la visite en fumant des clopes, c'est bon. Allez, deux tables, cinq par table, on attaque. Et les malades défilent, pas de préoccupation ou de prémédication, la poignée de main a suffi, le sourire a fait le reste. Une bouteille d'oxygène pour deux malades, un peu de kétamine et roule, ma poule. Mes François y vont à cœur joie, suture à la main, hémostase mécanique, car pas d'électricité, donc pas de bistouri électrique. Et on endort, on réveille, on endort. Merde, je crois que j'ai allumé une clope dans la salle ; j'en peux plus, suis assis par terre ; François me regarde, lève la tête du champ opératoire, « passe-moi une taffe ». Et on continue.

On a de la chance, car des collègues haïtiens nous aident ce matin, on est plus de dix pour travailler, aider, nettoyer, porter, enlever les déchets et... Et c'est l'heure de la pause, on va dans la petite pièce arrière, où nos amis haïtiens n'osent pas rentrer, on se pose le cul par terre et on sort les plateaux. Six plateaux, douze personnes, allez, on ferme la porte… Je plaisante. On a ouvert la porte, on a tout partagé (en fait, il n'y avait pas de porte). Putain, si vous voulez le goût de la pâte de fruits dans les rations militaires et sa valeur calorique, alors ça, c'est du lourd… Puis on est retournés faire les courses, et ainsi de suite.

Quand je sors de la nuit et de ce bloc improbable pour aboutir sur ce perron plein de soleil, pour rentrer sous la tente ouverte dont le seul horizon est peuplé de malades, alors, parfois mes jambes me lâchent et je m'assieds pour reprendre mon souffle. Dans la tente, certains ont le drap remonté sur le visage ; le droit de mourir, ils l'ont gagné, ils seront remplacés par d'autres. Et on continue, encore et encore, c'est que le début, d'accord, d'accord. Mais le droit de tuer, la mort dans toute sa puissance, jamais. Jamais aucun d'entre nous n'appuya sur la gâchette, mais nous les avons tous accompagnés vers l'ailleurs.

Il doit être quinze heures, c'est la fin de journée. On se pose tranquillement, les deux François sont sortis faire un tour. Je vois encore leur gueule enfarinée. Ils reviennent, on dirait des gosses. « Faut qu'on parle. » Il a seize ans, il a une tumeur du bras, sarcome peut-être, elle pèse au moins dix kilos, rien à voir avec le tremblement de terre, faut l'opérer, il peut vivre.

« Soyez sérieux, François et François, au moins trois heures de chir, sans électricité, à la frontale, il faut l'intuber, on va le ventiler à la main. »

Je regarde Corinne, je regarde mes deux François, Sarah, on est comme des cons, faut qu'on se sauve de nous-mêmes, vingt chirurgies, vingt amputations, faut qu'on respire. Et pourtant, on a cédé, on l'a fait rentrer, on l'a endormi et mes deux couillons ont fait leur désarticulation d'épaule dans la nuit de la salle à la lampe frontale. Ils ont enlevé un bras et vingt kilos de tumeur, puis on l'a réveillé et extubé. Alors, on a rendu notre jeune patient à sa famille et on est rentrés. La mort, ce jour-là, on était plus forts. Chacun d'entre nous, sans la regarder, a encore en mémoire la photo de cette monstrueuse tumeur, et c'est aussi pour ça que l'on vit. C'était nécessaire.

Puis on est rentrés, et on est revenus ; ils survivaient tous à nos assauts et tous ceux que nous n'avons pas opérés partaient paisiblement les uns derrière les autres. Ce soir-là, un peu plus que les autres, nos cœurs débordaient. Ce soir-là, comme tous les autres, nous nous agglutinions en petite grappe d'humains, pleins d'amour, simplement pour être vivants ensemble. Ce soir-là, on a mangé, fumé, bu et encore une fois parlé de cul !

Une fois encore, la vie suit sa route ; le chemin est sinueux, parfois escarpé. Dans tous les cas, du premier au dernier de ces chapitres, nous avançons vers une forme de vérité, de résilience, de complainte vivante du vécu et de nos morts. Ces morts qui meublent le récit, hantent nos existences, construisent nos devenirs. Tous ces partenaires amoureux ou que j'ai aimés pour ce que nous étions. Toujours cette même question qui me faisait trembler au début de l'écrit : le droit de tuer. Souvenez-vous de cet homme que nous avions rencontré dans la tente des Canadiens, cet homme profondément blessé mais irrécupérable, celui pour lequel nous avions décidé de ne rien faire. Nous l'avions laissé, entouré des siens, nos amis canadiens lui avaient donné de quoi le soulager et il s'était éteint doucement dans l'amour. On aurait pu refaire le film, la mort du soldat. Le chef de section fait la visite avec nous, il sait que c'est fini. Il regarde ses hommes, il nous laisse avancer, l'enlace de ses mains, appuie le pistolet sur sa tempe. Le bruit est assourdissant, « il ne souffrira plus », dit-il en nous rejoignant.

Ce ne sont pas nos oreilles qui ont mal, c'est au plus profond, ce bruit assourdissant de la mort qui prend place, mais aussi l'exemple parfait de la vie et du cinéma. Le droit de tuer, non. Le droit d'aider à s'en aller, dans la quiétude et le respect, le droit de ne jamais être cette main qui appuie sur la gâchette, simplement parce que c'est inutile, inhumain et dérisoire. Aider à mourir et tuer. Certains doutent encore à la lecture des pages précédentes et s'interrogent sur une éventuelle opposition à l'euthanasie. Ce n'est pas le débat. Certains imaginent encore des précautions religieuses, confessionnelles. Ce n'est que le droit de vivre. La mort est vie comme la vie est mort et sur ce chemin, tous les hommes s'y retrouvent. Aider à mourir, c'est aider à vivre, aider les autres, mais aussi celui qui part.

Dans cette mission humanitaire, nous n'avons tué personne littéralement, mais combien en avons-nous aidé à s'en aller, en s'abstenant de traitement outrancier et en amenant du confort. Combien ont fait le voyage vers l'autre rive en prenant la barque avec sérénité quand, sur le rivage, leurs proches apaisés les regardaient s'en aller. Le droit de tuer, c'est le droit du bourreau. Celui que tu formes et payes pour qu'il exécute la sentence qu'aucun des assesseurs, jurés ou juges présents, quelles que soient leurs convictions, ne pourrait assumer. Dans ces missions humanitaires, je n'ai jamais vu le pistolet, même dans les pires situations. J'ai vu des hommes et des soignants apporter le confort vers la fin. Dans ma vie de réanimateur, j'ai vu l'injection létale. Je sais le poids de donner la mort par un acte direct incompréhensible, cruel et inutile. J'ai vu le poids de la dette sur ces visages de soignants ou de familles accompagnantes dont le sommeil à jamais perdra sa saveur par la monstruosité du geste.

17
Tepo est de ceux-là

De retour en France, autre endroit, autre lieu. Le chemin de la vie est singulier, tu quittes tes maîtres pour rencontrer des hommes. Des collègues, peut-être des élèves que tu pousses et qui partagent. Qui vivent avec toi ces moments de souffrance que notre métier s'emploie à offrir. Cette relation qui se noue, c'est l'aventure de l'amitié au plus fort de l'orage. Quand le combat est rude, quand tu partages ce combat, quand les jours passent, alors quelle que soit l'issue, tu sais que l'homme à côté de toi est parfois si proche qu'il pourrait être toi.

Un de mes amis, Tepo, est de ceux-là. De notre métier, de nos expériences, il en fit le partage avec moi, en toute confiance. Nous grandissons et nos souffrances, par bienveillance, nous taisons. Mais l'humain, la mort, le combat sont le sel de ces pas. Cela fait plus de quinze ans que nous travaillons ensemble, il pourrait être un mélange de fils, de frère et surtout d'amitié. Je sais ses colères quand la mort avec sa faux nous retourne ou quand le doute nous assaille. Je sais ses fragilités qui se superposent aux miennes et fusionnent pour sceller notre lien. Une confiance infinie et la même exigence de qualité.

Tepo est de garde. Comme d'habitude, nous sommes partis, tout était calme. Le malade qui s'annonce en urgence est jeune : état de choc, brutal, infectieux. Jeune comme nous avons pu l'être et jeune comme sont les nôtres. La mort frappe brutalement. Il arrive, la tension est basse, voire imprenable, il présente des troubles de la vigilance, mais est encore conscient. Au milieu de ce sentiment d'angoisse et de peur, la famille l'entoure de cette anxiété qui te prend avant que tu n'aies compris. Le malade est monté en réa, remplissage massif (ça veut dire des litres de solutés dans les veines), la tension ne bouge pas, antibiothérapie et la respiration qui ne se fait plus. La technique de base, la danse de la mort, celle que l'on connaît tous. La peur qui te prend, l'assurance que tu affirmes, l'équipe qui te suit au moindre geste, mot, sourire. Mise en place d'une machine pour respirer, intubation, ventilation, pose de cathéter veineux central, remplissage encore, puis drogues pour aider, drogues pour dormir, drogues pour évacuer la souffrance.

La phase technique : trente minutes à une petite heure de combat où le temps s'arrête pour l'équipe. Et puis l'intervalle de temps lorsque les choses sont stabilisées. Le malade dort, il respire, la tension imprenable est devenue très basse (c'est mieux), le bilan sanguin est parti au labo. Ce n'est pas le repos, c'est la pause, mais pas la pause de l'esprit, la pause des gestes. C'est à voir, je vous assure…

Le réanimateur qui relit ses notes, épluche le dossier, regarde le malade, l'examine encore, le retourne, cherchant la réponse. Le réanimateur qui regarde enfin les monitorages, qui sent la gravité, qui cherche à comprendre, à ne pas faire d'erreur, à tout voir. Ce moment où tout le monde se tait, où la chambre se vide, où tu t'assieds seul sur une chaise à côté du malade et tu le regardes pour ne rien omettre. Ce moment où tu attends un indice. Ce moment où, comme un con, tu es sur la chaise, inutile, attendant que le temps te parle. Alors, tu vois la mort qui se bidonne en face, simplement parce que tu espères en une minute la réponse qu'il faudra des heures à avoir. Le bilan arrive… ah oui… le rein ne fonctionne plus, l'infection est grave (on dit sepsis) puis septique sans l'être vraiment. Il faut mettre en place la dialyse, continuer la mise en condition, apporter d'autres éléments.

Une nouvelle fois, la chambre se remplit de ce silence actif ou tout le monde t'aide avec bienveillance et professionnalisme. Et puis, tout est en place. Attendre. Tu ne peux pas attendre, tu vas voir la famille qui se meurt d'angoisse dans la salle, tes mots seront clairs, le combat est en route, beaucoup de chance de perdre, on fait le maximum, j'y retourne. Là, tu chopes un café ; dans l'office, tu entends les « ça va » interrogatifs, tu as la gueule des mauvais jours, tu sors de la pièce, entres dans ton bureau et appelles ton pote collègue ou ami.

Le téléphone sonne, c'est Tepo : « Yes, c'est moi, écoute, je sais, il est minuit, mais voilà, j'ai rentré un gamin, choc septique, son bilan c'est ça, le choc dure, j'ai mis en place la dialyse… » Tu sens ce bref silence et la fragilité du propos. Question après question, tu fais le tour : « OK, oui OK, t'as pensé à ça, OK oui, OK. » Puis la suite de la discussion : « Ben écoute, tu as tout fait, c'est bon, maintenant faut attendre. » Tu pourrais être lui et vice versa, tu sais ses craintes, tu sais ses peurs. Tu ne rassures pas, tu déchiffres, tu analyses, jonction de cerveau, tu vas la battre, la mort. « OK, tu me rappelles si besoin. »

Le lendemain, j'arrive, c'est la transmission (un peu la même dont nous avions parlé la première fois). Il y a Tepo qui sort de garde, l'interne de garde aussi et puis toute l'équipe. Là, tu reconnais le réanimateur et celui qui ne fera jamais de réa. Il y a celui qui pose ses drogues pour aller dormir, se reposer un peu en attendant l'effet et celui qui pose ses drogues et les regarde des minutes, des heures entrant dans le malade et appréciant les effets. À une vitesse d'un millilitre par heure, vous imaginez le mec posé sur son fauteuil les yeux braqués sur le scope sans bouger et sans parler… !

Et la transmission commence, Tepo raconte toute la nuit, tous les moments, le malade qui survit encore, mais ne va pas si bien, mais « ça va venir hein, ça va venir… ? ». La famille qui dort dans la salle d'attente, à qui tu apportes un café, l'équipe qui regarde, dont certains savent déjà… le silence qui suit. « Oui, tout a été fait dans les règles, pas d'oubli, c'est nickel, putain de choc. Merde, dix-huit ans, putain de choc. » L'infirmière te raconte le réa posé sur une chaise à regarder le malade pendant une nuit, t'as compris. Tepo ne peut pas partir ce matin-là. Il va dans le bureau fumer une clope, nous on va voir le malade. Tout est nickel, tout sauf la mort qui te chahute la gueule, tout sauf celui qui survit encore, mais dont le bilan te dit, mais dont l'examen te dit, mais dont tu sais. Tu sais qu'il n'y a pas de surenchère raisonnable possible, alors tu seras vrai. C'est la fin de la lutte, personne ne capitule, mais rien d'autre à faire que jeter le gant, prendre la famille, l'entourer, aller voir ton pote. Peut-être même, à ce moment-là, que tu la vaincs un peu, la mort ? La famille en souffrance a partagé ce combat légitime, a sonné les cloches de chaque round, a subi le K.-O. avec toi ; elle est sonnée, mais on s'est bien battu.

Tu retournes dans le bureau, Tepo est là, il sait que tu sais qu'il ne veut pas entendre. Ce combat de toute la nuit est gagné, car le patient est là, ce combat de toute une vie est perdu, car c'est fini, il va s'arrêter, ingagnable. Non, il n'y a pas eu d'erreur. Simplement la vie et l'autre en noir. Dans les heures qui suivent, l'alarme déclenchée marque la fin du combat. Encore là, Tepo voulait voir la famille, expliquer l'inexplicable, l'irrationnel. Expliquer que l'on pourrait imaginer une technique de je ne sais quoi, qu'on ne fait que dans les cuisines de l'Arkansas, mais qu'on ne va pas faire n'importe quoi.

Ce matin-là, quand ton envie n'est que de te bourrer la gueule, quand la question qui te taraude est simplement de savoir si tu as été simplement au niveau, correct dans tes choix. Ce jour-là, le droit de tuer… Je remplis encore une fois mon verre. Ce jour-là, le droit de tuer, c'est le droit de se battre avec les meilleures armes et d'essayer de ne jamais faire d'erreur, malgré notre connaissance imparfaite. Ce jour-là, après le café, quand tu le peux, cet instant où tu sais que c'est possible : tu prends la main de ton pote, tu lui entoures les épaules, tu sais ses larmes qu'il te cache, tu es là, comme lui. Dans cette merde noire, tu connais sa souffrance. Ce lien de passage que tes maîtres t'ont offert, à ton tour tu le donnes comme il le donnera. Tu sais déjà son retour en voiture et la journée de merde qui va suivre au plus profond de ses doutes. Tu es là, comme il le serait pour toi. Tu sais aussi que tu ne respecteras que celui qui, comme toi, sait qu'il ne sait pas, et ne va pas au-delà.

18

Le patient meurt deux fois

C'est toujours curieux, la vie, les rencontres, les amitiés. Nous travaillons toujours ensemble avec Tepo. Notre communion d'idées nous amène à mettre en place des schémas répétitifs toujours plus proches malgré des sensibilités différentes, mais paradoxalement équivalentes. C'est le cas de notre travail en réanimation et de nos discussions autour de la mort et du droit de tuer. D'autres hommes rencontrés, aux humanités lointaines, finissent par s'éloigner quand se crée une unité d'hommes, de médecins bien sûr, mais au-delà, ouverts à l'humain et à la prise en charge de nos patients. Seul ce fragile équilibre permet d'envisager demain avec sérénité et confiance, et surtout construire au-delà des temps ce projet de santé humaine. Nous savons nos rêves et nous avançons ensemble pour planter dans notre petit jardin ce « Nous » qui nous unit, solidaires avec nos équipes, aimants de nos patients, conscients de nos limites.

Il est arrivé un jour, transfert des îles, ancien praticien de la clinique bien connu de tous. Le message avant de l'admettre est « situation grave mais stabilisée, il revient chez nous pour se requinquer, encore fragile ». Et puis, il n'arrive pas le jour donné, transfert reculé, pas de raison évidente, arrivée prévue deux jours plus tard. Nous aurons le fin mot de cette turpitude lors de son arrivée. Départ déprogrammé en raison de l'aggravation de son état, transfert en situation médicale précaire, chirurgie en urgence la veille du retour puis transfert contre vents et marées. Son arrivée entraîne le passage dans le service de tous les anciens amis, de tous les dirigeants, c'est une *persona grata*, sans jeu de mots, même si ça gratte ou ça pique quand tu l'évoques. Le premier bilan est catastrophique, des escarres qui le traversent de part en part, une jambe mutilée, une infection en cours, une chirurgie récente avec ablation d'une partie du côlon, une chirurgie de l'aorte, une poche de stomie, des douleurs insoutenables, des difficultés pour respirer. Un homme encore médecin est conscient, il sait, il sent, il connaît, il appréhende sans peur et sans reproche. Il se voit, se connaît et ne se reconnaît plus.

La première journée est compliquée, toutes les têtes pensantes sont là, la famille a été coachée par lesdites têtes : « On va le sauver. » Aucune amitié ne vaut la clarté d'un diagnostic médical posé avec bienveillance et justesse. Aucune humanité ne mérite de faire passer ses sentiments avant son expérience. Nous le regardons avec Tepo et nous doutons de ce qui est dit, mais savons ce qui est : diagnostic incomplet, pronostic vital engagé à court terme, sanction thérapeutique improbable ou surtout probablement inexistante, chance de récupération proche de moins dix sous zéro. Nous cherchons le sens, nous décidons de laisser le monde bruyant faire ses bruits et s'exprimer avec vigueur, puis nous commençons à consulter. Et les diagnostics tombent les uns derrière les autres et, ouf, je pars en vacances.

Le monde a inventé le téléphone portable et je crois pouvoir dire que ma première semaine de vacances fut en duplex avec la clinique, en duplex avec mon pote, en duplex avec la mort qui rôdait derrière et la foule qui brillait devant. Tepo a consulté tous les spécialistes nécessaires, mais aussi ceux qui se sentaient utiles. Jour et nuit, ils sont venus donner leur avis. Le spécialiste parisien : « Euh… l'ulcère qui part du haut du dos jusque sous le sacrum… hum, impossible à greffer, on ne peut rien faire ! » Le spécialiste local : « Euh… l'ischémie digestive avec souffrance des membres inférieurs au-dessus de l'amputation… hum, on ne peut rien faire ! »

Tous ces hommes brillants consultants et amis qui délibèrent avec Tepo pour abandonner le navire et qui n'écrivent rien dans le dossier. Du genre : « Bon, c'est foutu, t'as vu l'état des lésions. Bon, on ne peut pas l'écrire, c'est un copain quand même, mais on va se le dire entre nous. » Et nos discussions téléphoniques, aboutissant à un diagnostic clair : malheureusement, il n'y a rien à faire.

Épouse informée, patient au courant de la situation, traitement de confort car la souffrance est intense, plus physique que morale. De coup de fil en coup de fil, de consultant en consultant, la situation s'éclaire, le message est évident, pas de solution. Autre message antagoniste vendu à la famille par ces mêmes amis : « On va y arriver. »

Nous discutons beaucoup tous les deux de ce cheminement abracadabrant, de ces discours foireux donnés au nom de l'amitié. De la prise en charge de son épouse, des nuits passées sur place pour essayer de faire avancer le diagnostic ou le traitement, des angoisses, de l'incompréhension des amis docteurs. Le temps passe, au téléphone aussi. Je sens venir la stabilisation, la famille a été vue par Tepo, le malade a été vu et confronté à sa réalité, la situation est apaisée, la fin semble inéluctable, pas acceptable, mais inéluctable.

Et le manège des bien-pensants avis continue, faute de solution, c'est vers d'autres partenaires qu'ils se tournent. « Non, il n'est pas question qu'il meure, j'ai promis à sa femme de le sauver. » Alors j'entends même le téléphone sonner, on va le transférer. Petit monde, petit milieu, ou le meilleur de nos relations réanimatrices refuse de se substituer, considérant notre expérience et nos avis et avouant leur impuissance. Puis le calme semble enfin se laisser aller et s'étendre avant l'orage, pardon, après l'orage, non avant ? Nous avons fait le point avec Tepo de tous les côtés, de tous les avis, de celui du patient, de toutes les possibilités, de sa femme.

La situation est posée, stabilisée. Et puis l'amitié ! Un des amis de notre patient a trouvé mieux, il vient dans le service sans en dire plus. Le patient est au repos, apaisé, il sait, accepte. La famille a compris l'intolérable.

Mais Zorro est là, il ne lit pas le dossier, il sait, il ne consulte pas les examens, il sait. Il prend la femme par la main, lui disant fortement : « Je sais ce qu'il faut faire, je vais le sauver, on va le transférer, je connais une équipe de réanimation qui va faire des miracles. » Après tant d'heures de réflexion, de téléphone, de nuits blanches, de présence, Tepo est fatigué, il entend le message fort publiquement donné, il les suit jusqu'à la chambre avec cette femme espérant de nouveau, voulant croire ce qui contredit ce qu'elle avait accepté, le chemin déjà accompli. Sur la poignée de la porte, l'autre dira encore « je vais le sauver ». Puis, ouvrant la porte, il verra alors la mort dans les yeux de son ami, qui s'arrêtera comme pour le battre.

Le droit de tuer encore une fois, inacceptable, c'est cet homme, cet ami qui l'a pris. Refusant volontairement la réalité, refusant la vérité, se voulant le héros ou le sauveur, il a tué l'épouse qui avait compris, qui avait pris le temps, qui avait pleuré. Il a volé la mort. Tepo et moi avons connu la blessure de ce combat mené avec patience pour chercher, puis expliquer, puis amener à comprendre, puis accepter. Tout ceci détruit par un ami ? Médecin ? Inconsistant dans ses valeurs, mais fier de sa personne.

Comme dans tous ces moments, la dame avec sa faux sait qu'elle peut jouer des sentiments. Nous savons aussi qu'on peut faire mieux. Que ce droit de tuer que nous combattons en respectant le droit de mourir est aussi le droit de ne pas tuer ceux qui restent. Je ne te dis pas merci, toi le passager du rêve interdit, l'affranchi de la réalité. En fait, tout est posé. Toutes les questions se retrouvent, s'emmêlent, se contredisent et pourtant se soutiennent. Droit de mourir, droit de tuer, droit de mourir comme ce combat mené par Tepo avec son patient, avec sa famille. Cette entente cordiale avec la belle et sa faux, la colère, la résignation, l'acceptation… Et puis le droit de tuer qui, ici, prend une autre forme. Je sais que tu vas mourir, je connais cette vérité, et pourtant j'apporte un son différent, une voix indécente : « je vais le sauver ». Je m'octroie une liberté : laisser mes peurs, mon amour gérer ma raison. C'est mon ami, alors je le sauverai ! Je sais que c'est faux, mais comment avouer non pas mon incompétence, quoique, mais comment reconnaître mon impuissance ? Pourquoi parler de droit de tuer ? Simplement car l'on sait que le patient et la famille ont compris le droit de mourir, ont accepté l'inacceptable et soudain on offre la porte dorée de la délivrance : « je vais le sauver ».

En fait, par ces mots, le patient meurt deux fois. Meurt par la croyance de celui qui ne sait pas et qui offre l'opportunité. Ils avaient accepté cette fin inéluctable, médicale, presque sereine, puis se sont engouffrés dans ce sauvetage, et il est mort. Il est mort, alors que le dernier mot proposé disait l'inverse, on donnait l'espoir pour reprendre la décision. On comprend ainsi, encore une fois, le poids de la décision. Le poids de celui qui sait, face à celui qui prétend savoir. La mort dépendant de cette différence entre la vérité et le mensonge pour simplement être acceptée. Cette absence de vérité est l'unique question.

Un de mes maîtres dont nous avons parlé au début disait : « Si on te propose un choix, demande pourquoi. Si on ne peut pas te dire pourquoi avec des arguments scientifiques, irréfutables, refuse le choix et va chercher la réponse. » Cette vérité ce n'est pas celle de l'ami, qui a volé la mort par bêtise, par flagornerie ou par orgueil. C'est celle de l'ami collègue qui a avancé humainement vers l'impossible dans la communication et l'humanité, qui a pris la route avec la famille et le patient. Il avait accepté, il savait. Quand d'autres volaient le réel, lui savait. L'humanité devient la composante essentielle. Je cherche la vérité de ta maladie, car je t'aime, ou j'avoue mon impuissance et je vais avec toi vers l'inéluctable.

19

La vie comme un chemin vers la mort acceptée

Plus j'avance dans mes expériences, plus je ressens qu'il semble exister une force intime, ancrée en nous, qui nous porte, mais aussi parfois nous permet de partir. Comme si la mort devenait choix par abandon volontaire, permettant au corps de dire « fin ». La mort nous effleure au quotidien, mais elle nous brutalise quand elle touche l'être cher, parce qu'elle nous enlève quelque chose. Au long de ce parcours, de mes patients jusqu'à mes proches, ces exemples m'aident à l'appréhender. Un homme, rencontré au hasard d'une réunion au sujet de la mort, s'était approché de moi et m'avait abordé : « Simplement quelques mots, je suis chaman, écoutez-moi, vous n'êtes pas obligé de me croire », et avait continué : « Je m'occupe des gens après, j'ai apprécié ce que vous faites, grâce à vous ils arrivent bien, vous êtes un passeur. » On peut rire de tout, toutefois il est vrai qu'au fil de mes expériences, en intégrant la mort comme élément de vie, en accompagnant, on permet ce passage. Je ressens parfois que certains patients s'arrêtent quand ils l'ont décidé. Ce sont un peu les expériences de mes maîtres qui me disaient : « Attention aux vieux, quand l'un te dit qu'il sent qu'il va mourir, souvent il a raison, quoi que tu fasses ! »

Mon père arrive à ce moment dans cette histoire, comme pour avancer vers cette hypothèse. Nous avons traversé ensemble des engagements politiques, des meetings, des débats. Il aimait surtout l'enfant quand il commence à être homme, celui qui argumente, qui contredit. Il offrait à ta vérité sa propre place dès lors que tu allais toi-même la chercher.

Il m'avait offert, après la mort de ma mère, ce livre blanc que je devais écrire pour témoigner. Envisageait-il déjà de pouvoir être partie prenante de ce témoignage ? Il était témoin de mon chemin comme je suivais le sien, dans le partage et la bienveillance.

Inutile de vous dire que mes écrits sur ces expériences avec la mort dont il fut l'un des premiers lecteurs le chamboulèrent. Père, mais homme à la fois, il discernait mal la liberté de mourir, le droit de mourir et ma négation du droit de tuer. La mort, souvent la sienne, faisait partie de nos échanges. « Mourir debout », disait-il, « tu m'aideras, tu ne me laisseras pas. » Il avait connu les années 1980, l'épidémie de SIDA, la mort de tant d'amis, tant de proches.

Il gardait en mémoire d'insupportables souffrances et des engagements perpétuels comme ses actions pour AIDES. Il avait connu la mort inacceptable, la souffrance illégitime.

Il avait connu la mort de ma mère, cette intolérable souffrance encadrée de mensonges. La douleur de la perte de l'être cher dans la durée où, quand les souffrances deviennent intolérables, la mort de l'autre devient un souhait.

Nous discutions souvent tous les deux. Il opposait à ma vision de la mort sa réalité de la vie. Vivre, oui, mais pourquoi ne pas tuer. « Tu ne crois pas que mon ami Paul serait parti plus doucement si j'avais pu l'aider, plutôt que de le regarder souffrir ? » Il posait la question, refusant la réponse : « Non, tu ne pouvais pas le tuer, il fallait l'aimer, le prendre en charge, soulager ses souffrances, bien sûr, et l'aider à partir dans le repos. »

Un jour, une dizaine d'années auparavant, la mort s'était invitée à notre table. Alors que nous étions en vacances et parlions sereinement, il avait avancé quelques phrases : « Je vais mourir cette année, je le sais. » Il s'était ensuivi une discussion enflammée, mêlant amour et colère. À moi, son fils médecin, comment pouvait-il dire cela ? « OK, tu vas mourir, mais si tu es malade, on peut en parler, je peux peut-être t'aider ! » De mots en mots, nous en étions restés là dans l'incompréhension la plus totale de ce qui lui arrivait.

La question restait en suspens. Étant non malade, peut-on décider de mourir par ennui ? Avoir l'envie ? Il avait pourtant traversé des épisodes sévères. Il avait survécu à des interventions chirurgicales, suivies de séjour en réanimation. Il y avait autre chose, ce sentiment de la vie accomplie, ce sentiment de ne plus avoir envie.

Un soir, nous avons discuté, de ses choix de vie, de la mort, de Maman, de la solitude depuis plus de vingt ans, des désirs de vivre, de liberté. Nous avons abordé notre plaisir, à ma sœur et moi, de le savoir heureux, notre plaisir de nous retrouver, l'indifférence que nous pouvions porter à ses choix : remplacer maman ou pas, vivre, partir, tout vendre. Tout sembla rentrer dans l'ordre et les années passèrent tranquillement.

Nous avions mis en place une quasi-habitude, il venait passer quelques jours à la maison une fois par mois, nous nous appelions tous les dimanches soir. Ce type de rituel qui n'existe qu'entre ceux qui s'aiment. Nous approfondissions notre connaissance l'un de l'autre. Nous partagions des histoires, des envies. La liberté, le couple, le sexe, rien n'était interdit. Il avait décidé de vivre seul, en tout cas au moins seul chez lui, et me racontait le bonheur de décider seul de ses envies sans contrainte. Il me racontait la douleur de s'assumer quand la solitude vous pèse comme le poids de certains dimanches. Il parlait de plus en plus de cette solitude, du vieillissement, de son chemin parcouru, du sentiment de la tâche terminée, de l'absence d'intérêt de continuer. Peut-être un peu trop à ce moment.

Un mercredi matin, le téléphone sonne, c'est un ami très proche qui appelle. Sa voix est inaudible, cassée par les larmes, cassée par des silences, cassée par la douleur. « J'ai appelé ton père, il ne répondait pas alors qu'on devait se voir. J'ai pris la clé et suis allé voir si tout allait bien. Il est mort, Igor. Il est mort. » Ces mots qui me scient, ce silence qui suit, mes genoux qui s'affaissent, cette douleur qui me dépasse et m'anéantit, cette douleur que je connais sans jamais la maîtriser.

Le silence quand je raccroche, les mots qui ne peuvent sortir, les larmes que reçoit celle que j'aime et qui me prend dans ses bras. Le silence de la mort. Et la réalité immédiate : « On part à Paris, faut que je prévienne ma sœur, les enfants. » Ces coups de fil que je n'oublierai jamais, le cri, puis le silence et les larmes. Cet échange avec mon fils en Angleterre, ce hurlement… Ce hurlement qui ne s'arrête pas, ce « Non » qui n'en peut plus, ses larmes alors qu'il vacille et ce silence que je ne sais comment rompre. Cette douleur que je connais pourtant si bien. Et puis l'appel vers mon autre fils, autre humain, même douleur, mais dans un silence terrifiant. Le silence de l'absurde, je sens la douleur qui remue, qui cherche sa porte et qui reste à la porte des lèvres. Puis ma sœur, tant de douleur pour si peu de mots, quand le téléphone ne sait reproduire le bruit assourdissant de cette douleur qui me submerge.

Et nous sommes arrivés chez lui, montés dans l'appartement. La police allait venir constater, valider cette mort naturelle. Le corps de Papa dans son lit, une jambe sortie de sous la couette, cette image de la mort comme s'il avait voulu se lever. Son visage ne semble pas tordu de douleur, son expression me rassure. Et ces mots qui viennent aujourd'hui où la mort a de nouveau frappé cet être cher. Je vais oser le faire comme tu aurais pu le dire : « Papa, tu as eu la subtilité de partir un matin pour que nous ne risquions pas de faire le trajet de nuit ! » Cette phrase inopportune qui réunit la bienveillance, l'amour, l'humour et la dérision que tu prônais.

Nous avons poursuivi le chemin. Appeler tous les amis et amies, préparer les funérailles. Préparer le discours, préparer la fête… Nous avions décidé que tu serais incinéré comme Maman et tes cendres dispersées sur la pelouse du souvenir. Nous ne voulions pas que quelqu'un prenne la parole dans cette cérémonie, nous ne voulions pas que quiconque trahisse ta vérité dans ces histoires d'amour post-mortem.

Nous avons prévenu et interdit tout discours sauf un, le mien, puis, pendant cette heure de recueillement après l'incinération, nous voulions la fête que tu aimais. Après ces quelques minutes d'ode à ta mémoire devant tous tes amis réunis, nous avons demandé aux gens de se déplacer, de se rencontrer, de bouger, de se parler, de s'aimer. Cette salle se mit à vivre comme tu étais, presque joyeux en ce moment alors que des chansons de Dalida, Barbara ou Ferrat passaient et qu'un diaporama ramenait toutes les images de tes souvenirs et amis. Ce moment d'un coup presque allégé et qui te ressemblait tant. Ces moments étonnants d'échange où chaque rencontre est une douleur intense, un effondrement, un enlacement de peine, et puis devient vivante sous la musique, les rires et les photos qui passaient en boucle. Plus tard, autour d'un verre, nous nous sommes retrouvés, nul ne nous dit que tu n'aurais pas été heureux de ce moment.

Nous avions tant discuté de tes positions sur la fin de vie, sur la dépendance, sur cette fin promise et acceptée où la peur te faisait me demander ce que d'autres qualifieraient d'impossible : « T'aider à partir. » Je me souviens de ces discussions pleines d'amour quand, après un bon repas et quelques verres en trop, notre intimité débordait. Quand tu me parlais de ta mort. Je me souviens de ces échanges antérieurs où tu t'interrogeais sur l'envie de vivre, de vivre… encore. Je me souviens que nous nous disions que seule la vérité permet de continuer, vérité d'être, vérité d'amour, vérité simplement acceptée et partagée.

Ma mémoire tourne en boucle et retrouve ces discussions. Je découvre des éléments qui me semblent loin d'être fortuits. Tel le témoignage de tes amis, qui avaient tous mangé avec toi, la semaine et les mois avant. Quand, faisant le tour de ceux qui t'aimaient, je réalisais que tu avais réussi, lors de la dernière année, à prendre du temps avec chacun et à les revoir tous. Une vérité s'impose comme un choix, celui que tu as dû prendre de décider la fin.

Je pourrais t'en vouloir de ne pas m'en avoir parlé, de ne pas m'avoir dit au revoir avant et tu me répondrais que je savais déjà, il suffisait d'écouter. Aucune cause identifiable, simplement des indices que cette heure était la tienne, ton heure. Peut-être as-tu piégé la mort, mais à quel prix. Je sais ma souffrance, mais également mon bonheur de t'avoir toujours senti debout. Je sais cette force qui nous a permis, le soir de ta mort, de dormir dans le lit où tu es mort, avec la femme que j'aime. Dormir simplement pour te sentir vivre encore, dans ces murs qui respiraient ton odeur.

Ce moment apporte un complément nécessaire à ma quête confirmant, s'il en faut, la nature de mon chemin. Comprendre que la mort peut venir, mais aussi qu'on peut l'attendre, se l'approprier, l'appeler, la discipliner et l'accueillir.

Je sais dans mon expérience de réanimateur que pour certaines personnes, notamment âgées, quelle que soit ta science, quel que soit ton engagement, si elles ont pris la décision d'arrêter, alors elles s'en vont et il n'y a rien à faire. Dans ce cas, la mort devient un choix et se présente par l'arrêt significatif de la vie sous l'effet de la volonté. Il n'y a finalement rien de plus que l'acceptation vivante d'une suite inéluctable et non traumatisante entre la vie et la mort. La mort devenant intégrée et acceptée comme élément de la vie, le rite de passage se simplifie. C'est aussi par l'apaisement de cette épreuve, simplement par l'acceptation que cette transition éphémère est possible.

Papa a décidé un jour de s'en aller. Accepter un jour que la mort fait partie de la vie et faire la paix avec elle. Accepter son histoire et ses erreurs, accepter ses errances, accepter ce qu'on est et savoir l'impermanence des choses pour simplement être prêt à partir. Nous ne sommes plus dans le droit de tuer, développé dans les pages antérieures, mais dans la liberté de mourir quand le chemin est terminé, quand la vie s'apaise, quand l'échange est complet. Alors, à ce moment, reposé, le corps s'arrête et le cœur suit doucement cette route vers.... je ne sais quoi, cet indicible demain qui justifie l'aujourd'hui, laissant quand même l'extrême douleur de l'abandon.

Quand vient le moment, le passage se fait simplement, affectueusement. La douleur n'est pas inexistante, mais elle est acceptée. Réanimateur, passeur, le mot devient intéressant si on harmonise la pratique avec le droit de tuer dont nous avons parlé. L'accompagnement vers la mort sans la retarder, en l'acceptant dans l'empathie, évite la brutalité du moment de passage, il n'y a plus de meurtre et de bourreau, il reste un moment d'échange et de bienveillance, un simple chemin : le nôtre !

Cet exemple illustre l'idée que la sédation peut exister quand c'est le moment et que, dans la sédation terminale, le corps mourant abrège le plus souvent la souffrance en décidant la fin. C'est la différence avec l'injection létale qui ne donne aucune chance. Si l'on imagine la vie comme un chemin vers la mort acceptée, alors la sédation instituée avec raison arrive de façon appropriée pour aider l'être humain à s'en aller en respectant le fait qu'il le veut.

L'apprentissage de la vie devrait se faire avec la conscience de la mort. Le corps qui est capable de s'arrêter quand il en est besoin. Ainsi, la sérénité peut exister.

20
Merci à la vie finalement

Et si nous appréhendions notre thèse de façon différente ? Ces expériences pourraient-elles s'envisager en considérant qu'il existe un bon ou un mauvais moment pour mourir ? L'histoire est moins simple qu'elle n'y paraît, même si parfois mes propos peuvent laisser croire le contraire.

Françoise est une femme solide, traversée par la maladie, suivie, rattrapée, mais sans jamais perdre sa joie de vivre. Elle fut d'ailleurs hospitalisée chez nous à un moment difficile puis sortie après stabilisation pour parfaire sa récupération dans un service de médecine conventionnelle. Nous n'avions plus de nouvelles d'elle, même s'il est vrai que nous avions décidé qu'en cas d'aggravation sévère nécessitant une réanimation intensive, la question de l'engagement thérapeutique méritait d'être posée, simplement afin de ne pas faire n'importe quoi.

Quelle ne fut pas notre surprise un mois plus tard d'apprendre que Françoise allait bénéficier d'une intervention chirurgicale qui devrait lui sauver la vie et que nous pourrions la prendre en charge pour passer le cap de l'intervention.

L'histoire est toutefois moins simple. Quelque temps après sa première sortie, Françoise avait été réhospitalisée dans un autre service. Les conclusions d'entrée avaient amené à considérer son état comme au-delà de toute ressource thérapeutique et à proposer une sédation de confort avec l'accord de la patiente et de sa famille. La question qui nous était posée était donc la faisabilité de cette nouvelle chirurgie, en contradiction avec l'orientation déjà prise. L'histoire montre qu'un médecin était intervenu pour avis, et avait considéré que la gravité de l'état de Françoise était due à l'absence de prise en charge chirurgicale de ces maux.

Dans ces moments, il est compliqué de se forger une idée simplement à partir de sa propre expérience, mais la cohérence globale de la prise en charge médicale méritait d'être questionnée ou réévaluée. Françoise, en tout cas, considérant que ce n'était pas son heure, avait décidé de survivre à sa sédation jusqu'à ce jour.

Elle fut donc réhospitalisée dans notre service et c'est plutôt circonspects que nous la primes en charge, arrêtant toute sédation. Sa famille l'accompagnait, elle qui depuis un mois attendait une issue fatale. Son réveil complet fut assez rapide, son sourire accueillant et sa force de vie intacte. La question de la nouvelle intervention put être posée et accueillie. Françoise s'interrogeait sur son passage de vie à trépas ou plutôt sur cette condamnation en sursis. Nos mots n'éludèrent pas la possibilité d'issue fatale, mais ouvrirent la porte à la possibilité de vivre : une semaine, un mois, qu'importe.

Ce cheminement est complexe, se faire un point de vue par une analyse systématique de tous les éléments objectifs, confirmer une hypothèse ou bien l'infirmer et donc expliquer alors que finalement la destinée fatale promise n'est plus de mise.

Humainement, les questions se bousculent, principalement sur la mise en place d'un traitement de confort pendant un mois avec une information éclairée des proches qui attendent, et la mise en place d'une sédation permettant à la patiente de survivre assez longtemps pour pouvoir changer d'avis.

Cette problématique est troublante, voire dérangeante : peut-on programmer une sédation terminale et envisager une telle durée ? Et à quel prix humain ? Existe-t-il une autre possibilité d'aborder le problème et un nouvel éclairage va-t-il changer la donne ?

Considérant la force vitale propre à chacun de nous et en assumant l'idée que chacun en conscience choisit sa fin, si dès que l'esprit accepte la fin inéluctable, il permet la délivrance, pourquoi Françoise est-elle encore là ?

Si nous assumons pleinement notre vie et notre mort comme faisant partie de celle-ci, alors l'issue ultime acceptée et choisie par le corps ne peut être contredite et la mise en place d'une sédation terminale s'accompagne de la mort. La sédation est simplement un outil d'aide à la souffrance qui permet à l'organisme de dire stop, déjouant le jeu absurde du droit de tuer qui serait une injection létale totalement en désaccord avec ce cheminement humain du début à sa fin.

Nous touchons à la limite de la décision médicale. Qui décide et sur quels éléments ? Quels arguments diagnostiques sont nécessaires pour envisager la mise en place d'une sédation terminale ? Heureusement pour Françoise qu'elle n'ait pas croisé un fanatique de l'injection létale. Merci à la vie finalement et merci à la force de l'autodiagnostic humain.

Françoise fut donc opérée et put partir en rééducation. J'entends d'ici les questions. Et si elle meurt dans les quinze jours qui suivent, alors à quoi cela aura-t-il servi ? Je dirai simplement que notre art médical est difficile. Que si l'on accepte avec bienveillance l'idée de la mort comme élément de vie, alors le chemin est simple. L'esprit et le corps s'accordent pour accepter la finalité et la sédation devient alors un outil de repos. Si nous avions dans ce cas effectué l'injection létale (le droit de tuer), Françoise serait partie. Et si elle part dans quinze jours ? On s'en fout ? Non, notre mental comme notre corps savent. La maladie peut t'amener à ce moment inéluctable où la fin est proche.

Mais on le sait, on le sent, ce n'est pas l'heure. À ce jour, si l'on respecte les croyances de chacun, si le diagnostic médical est posé avec confiance et surtout d'une manière collégiale, appuyée sur de multicompétences, alors le chemin est clair. C'est notre rôle de passeur qui revient dans mes pensées. Apporter le confort de la fin, ne pas la fuir, ne pas la trahir, l'amener. Elle vient naturellement et la sédation n'est qu'un outil d'apaisement qui permet au corps, à l'esprit de décider de son heure.

L'histoire de Françoise, comme d'autres, nous confronte à nos peurs. Suis-je sûr de mon diagnostic, suis-je sûr de ce choix ? Elle nous amène à prendre conscience du fait que, si je me trompe, le corps dira non, refusant le départ. Elle nous impose de réfléchir à plusieurs, de poser les problèmes et les solutions, d'ouvrir la discussion aux proches et à la famille puis de laisser faire la vie. Ce chemin est le nôtre, prenons-le, dans l'amour et le respect. Simples humains que nous sommes, mais parfaits mortels. Ne sommes-nous pas finalement que des aidants ? Dans cette démarche palliative confortable et terminale, je sais ainsi que mes gestes et mon accompagnement ne provoqueront l'inéluctable que si l'inéluctable est là, admis et vérité. Le droit de tuer devient brutalité, le droit de mourir devient beauté.

21

Dites-moi, docteur !

Au cours de ce parcours initiatique, ce sont les hommes et les femmes qui m'ont fait et surtout qui ont amené ma réflexion à définir des positions partagées humaines et aussi à les vivre sereinement. Ce patient pourrait s'appeler Monsieur, car il est celui qui a apporté à mon chemin sa phase finale ou du moins son sentiment de réussir enfin. Pas cette réussite brillante, diffusée, mais cette réussite qui vous emplit, intime, et vous nourrit, justifiant les années et les mois de quête.

Monsieur fut hospitalisé un peu par surprise dans le service. Une intervention chirurgicale programmée destinée à faire un diagnostic, et puis le temps qui passe. Le cœur qui s'affole, l'intervention interrompue sans être commencée, le traitement d'urgence et le transfert dans le service. Trouble du rythme, chute de tension, passage vers la petite porte entrouverte comme par hasard ou intentionnellement… intentionnellement ! Nous le recevons alors que son cœur bat la chamade, que sa tension reste basse. Son pronostic est-il engagé ? Non, nous devons seulement traiter cet épisode aigu, inopiné.

L'histoire est assez simple. Depuis plusieurs mois, il a fait des épisodes divers, de la perte de poids à la fatigue, de la phlébite à la difficulté à respirer... Des épisodes itératifs qui amènent à redouter et rechercher le pire, la maladie encore cachée. D'examen en examen, de spécialiste en spécialiste, de recherches en partages, on a retrouvé une image anormale, peut-être ganglionnaire, dans le poumon et une dans l'abdomen. Des discussions multidisciplinaires ont conclu que seule l'image abdominale était accessible à un prélèvement pour proposer un diagnostic et un traitement. Et, non fier d'être difficile à diagnostiquer, se produit au milieu de ces souffrances, dans cette quête répétitive, un petit trouble du rythme cardiaque qui contredit tout geste chirurgical. C'est alors que le patient arrive dans le service. Nous allons longuement discuter, ensemble puis avec sa famille. Oui, il y a quelque chose, mais maintenant que le cœur s'est emballé, il n'est plus question de l'endormir pour aller chercher cette bête dans l'abdomen, plus personne ne veut le faire. Nous allons donc ensemble revoir tous les clichés, proposer une nouvelle imagerie, surtout dans le cadre de la nécessité d'un diagnostic rapide pour proposer un traitement.

Aujourd'hui, Monsieur va bien, son cœur est stabilisé. Les éléments en notre possession révèlent que l'image abdominale a grossi. Il faut établir un diagnostic en allant chercher la petite image pulmonaire, mais comment ? Nous discutons de longs jours avec lui, avec son épouse, avec ses enfants, nous cherchons un moyen d'avancer. Ses mots et désirs sont clairs : « Vous savez, docteur, il faut tout me dire, ça fait quand même six mois qu'on cherche et puis là, au moment de trouver, on bloque. Que faire, vous en pensez quoi ? » Nos pensées sont complexes, les partenaires interrogés n'ont pas de solution. Non, on ne retournera pas dans son ventre, non, on ne peut aller dans son poumon, non, c'est peut-être différent de ce qu'on pensait… Mon seul rapport, le seul rapport de l'équipe avec Monsieur, c'est la sincérité. Je lui explique que nous sommes embêtés, ça fait maintenant dix jours qu'il est stabilisé, mais toujours pas de diagnostic.

La visite ressemble à un film en boucle, on fait quoi ? On réfléchit. Et aujourd'hui ? Même réponse. Nous nous sentons plus que stupides à ne rien proposer. Et puis, enfin, on avance. Par fibroscopie, on va aller ponctionner un bout de l'image du poumon si c'est accessible, sinon, on le fera par thoracotomie, ça semble plus simple. Tout est programmé, Monsieur et sa famille sont rassurés de pouvoir enfin savoir. C'est dans deux jours, tout va pour le mieux, il se réalimente par petits morceaux, il sourit, il plaisante, on avance.

Ce matin-là est différent, Monsieur a vomi du sang cette nuit. Nouvel élément de peu d'abondance, mais significatif tout de même. C'est vrai qu'il y avait cette image abdominale... enfin, on ne sait pas. Il reste stable, pas besoin de transfusion, le saignement s'est arrêté. Un nouveau scanner réalisé devant cet évènement pour le moins inopportun montre une masse comprimant le duodénum, plus extensive, non visible antérieurement. Inopérable selon les chirurgiens, peut-être aux dépens du pancréas. L'urgence est donc de prélever cette image pulmonaire pour proposer un traitement, une chimio. Allez, c'est demain.

La nuit s'est compliquée, saignement par vomissement, appel en urgence, transfusion massive, nous avons géré toute la nuit, Monsieur est plus stable ce matin, on plaisante même ensemble. Je l'informe que dans l'état actuel des choses, après les transfusions, il faut aller traiter la cause, essayer d'arrêter et de stopper ce qui suit. Je prends rendez-vous avec les spécialistes concernés, il doit être transféré dans un service spécialisé dans les hémorragies digestives. Il est tôt ce matin-là quand j'appelle son épouse pour lui relater la nuit, le saignement massif, le transfert pour arrêter définitivement ce saignement, ou essayer du moins. Elle me dit : « Je suis sur la route, j'arrive, attendez-moi. »

Cette conversation fut simple : « Dites-moi, docteur, il a une masse inopérable dans le ventre, une image dans le poumon, et là il saigne sûrement en rapport avec cette masse qui troue l'estomac, c'est ça ? Donc on lui propose d'aller essayer par fibroscopie d'arrêter le saignement, de lui faire vivre un transfert, une autre équipe pour un geste qui va peut-être prolonger, mais n'apportera aucune solution, c'est ça ? » Nous nous sommes entretenus ce matin-là avec tous les spécialistes en charge du dossier et c'est effectivement cela. « Alors docteur, qu'en pensez-vous ? Est-ce que cet examen va lui apporter un diagnostic plus précis, ou du moins lui permettre de survivre à ce qui semble inopérable ? » Ma réponse est compliquée, mais sincère. Cet examen peut éventuellement permettre d'éviter la récidive du saignement, toutefois la relecture des examens confirme l'existence d'une masse inextirpable au-delà de toute ressource thérapeutique et qui érode l'estomac. Il faudrait tout enlever, mais c'est impossible.

« Pourquoi ne pas s'arrêter là et le laisser tranquille ? Ça fait un long moment qu'il souffre déjà ! »

Décision fut prise de ne rien lui faire subir de plus. Son épouse me demande d'aller lui en parler, puis de recevoir ses enfants qui ne s'y attendent pas. Monsieur est plus calme, il ne souffre pas. Je sais qu'il sait. Il me regarde arriver avec son épouse les yeux presque normaux et secs de larmes, mais humides d'amour. Je lui explique que l'examen pourrait stopper le saignement, confirmer le diagnostic, mais que la lésion finale présente est inextirpable. Il me regarde, plaisantant un peu : « Alors vous ne me sortirez pas d'ici ? » J'acquiesce.

Les instants suivants furent très longs, je les laissai entre eux puis revins avec elle voir les enfants. De jeunes adultes beaux et pleins d'espoir, à mille lieues d'accepter une réalité qu'ils pressentaient. Effondrement général, même acceptation, mêmes valeurs, même choix. Nous lui apportons du confort. « À partir de ce jour, le service sera ouvert vingt-quatre heures sur vingt-quatre, vous pouvez rester dormir si vous voulez. Surtout, prévenez tous les proches qui désireraient lui parler, dites-lui ce que vous avez à dire, à aimer. » Les jours suivants, deux ou plus, furent calmes. Monsieur était serein, mais l'angoisse devenait palpable. Un soir, il me demande de lui apporter plus de confort, il a peur, c'est trop bête tout cela, mais l'année a été si rude. Vers minuit, l'infirmière m'appelle, il s'agite, se remet à saigner : je le calme un peu plus, mais cette agitation brutale, aiguë, insupportable n'est que le dernier remous de la vie qui s'en va. Cette agitation ultime est peut-être une manifestation de cette peur de l'après que nous n'avons pas réussi à totalement pacifier. Sur ce dernier soubresaut, Monsieur nous quitte, entouré de son épouse.

Je m'en veux encore de ce dernier moment où le calme n'a pu être présent, de cette violence extrême que son épouse a partagée, de ce départ en trombe quand la course aurait pu être plus douce. Affronter la mort d'un coup, mais de façon trop brutale, même si attendue. Trois semaines plus tard, on m'appelle au téléphone. Madame est là. « Bonjour docteur, je n'ai pas eu le courage la dernière fois, mais mes enfants et moi voulions vous remercier pour lui et pour votre présence. » Je lui explique que j'aurais espéré une fin plus pacifiée. Elle me remercie encore de ce chemin parcouru ensemble. Mes larmes s'en mêlent, s'emmêlent et me submergent après avoir posé le téléphone. De réanimateur, je suis devenu homme, mais je sais pourquoi je le suis. Grâce à ce moment, je sais aussi pourquoi je le fais.

Nous aurions pu imaginer que, revendiquant le droit de mourir, il ait réclamé une injection, rapide, brève, efficace. Nous aurions pu imaginer supprimer ces échanges, cette communion avec sa famille, son épouse. Nous aurions pu imaginer que jamais cela ne s'arrêterait. Mais non. Nous avons accepté la mort, nous l'avons verbalisée dans la vérité et la dignité. Nous l'avons respecté et il s'en est allé. Quand il l'a voulu, après avoir pu dire adieu aux siens, dans le calme.

22

Une belle façon de mourir ou de vivre

Et plus le chemin de l'âge et de l'expérience avance, plus d'autres souvenirs se font jour, venant apporter d'autres pierres à cet édifice fragile. Des histoires qui viennent boucler cette histoire sans fin où ma mémoire ajoute des mots à mes sens jusqu'à en perdre le sens. Finalement, l'histoire de François n'est pas si courte qu'elle en a l'air. J'ai failli la laisser passer comme une brève rencontre et puis, les mots aidant les mots, François est revenu, presque en conclusion, en tout cas en point d'orgue de l'humanité et de la bêtise. Comme un bref éclair de lucidité, quand les pages se tournent.

François avait été opéré d'une lésion *a priori* cancéreuse, correctement traitée avec des prélèvements ganglionnaires négatifs, donc une rémission possible et surtout pas d'extension ou métastase. Par conséquent, un chapitre d'angoisse familiale et personnelle clos de façon positive. Quelques mois plus tard, il revient, admis aux urgences pour des douleurs rebelles, un peu multiples et permanentes dans un contexte de souffrance globale. Il y a peu d'éléments formels ou plutôt une symptomatologie tellement polymorphe que l'œil exercé ne voit rien saillir d'autre qu'un ensemble de symptômes difficiles à connecter. Nous l'hospitalisons dans le service pour tenter de comprendre, de le soulager, mais aussi d'améliorer les dysfonctions multiples que nous pouvons constater. François est ouvert, discute, clair dans son propos, mais sa douleur est intense et rebelle, ou plutôt il n'est en fait que douleur. Celle qui prend ton corps puis ton esprit et devient toi, t'empêchant même de penser tant sa présence est au-delà de la constance, au-delà de la paix. La douleur qui devient toi.

Nous découvrons après divers examens qu'il existe une lésion ganglionnaire, mais également de multiples lésions aux os disséminées pouvant expliquer son ressenti. Il n'y a aucun jeu, aucune exagération, simplement un dépassement par épuisement du seuil de tolérance. Nos explications conduisent, après biopsie, à confirmer un diagnostic néoplasique (allez, disons un cancer) avec de multiples lésions disséminées ou métastases. Avant d'avancer avec François dans le diagnostic et les perspectives, nous nous rapprochons des oncologues pour établir un projet de soins. Après une concertation pluridisciplinaire (en gros une réunion de médecins qui, collectivement, vont analyser le cas et proposer des solutions), l'oncologue nous revient, ou plutôt nous le croisons sortant de la chambre. Son diagnostic est clair, cancer métastatique dépassé, il n'y a aucune ressource thérapeutique : « Apportez-lui une sédation, c'est fini et il n'y a rien à faire. » Conscients de ces mots, nous essayons d'avancer : « En avez-vous parlé à François clairement ? » La réponse est complètement évasive : « J'ai abordé la gravité du sujet, mais je ne lui ai pas dit qu'il n'y avait aucune ressource ou aucun avenir, on va lui apporter du confort, endormez-le ! »

Là, le docteur qui sommeille en toi s'arrête et se met à hurler. Il prend son confrère par les cheveux et lui brise le nez sur son genou, puis l'achève à coups de pied pour enfin cracher dessus... Je plaisante. À ce moment, ni moi ni mon collègue ne trouvons d'expression, nous sommes figés, décontenancés, non par la lourdeur du pronostic, mais par la rapidité du propos et l'immédiateté de la sanction. Derrière la porte, il y a un homme qui souffre, mais également un homme qui vit, qui pense, et qui pour le moment ne possède aucun élément médical objectif permettant de trouver une mort rapide (en tout cas pas dans les vingt-quatre heures). La sédation comme absence de discussion est aussi macabre qu'absurde. La mort est évoquée, on peut penser que François connaît la faucheuse et que son corps lui en parle, mais après on fait quoi ? Bonjour François, alors voilà, je vais mettre en place une sédation qui devrait vous endormir, puis vraisemblablement vous permettre de mourir sans souffrance. Délai estimé vingt-quatre heures, décollage imminent !!

Alors, nous sommes allés parler avec lui, nous avons évoqué l'absence de traitement possible, nous avons évoqué la mort probable et inéluctable dans un délai possiblement réduit, nous avons évoqué le traitement de ces douleurs avec une augmentation progressive, de façon à supprimer cette souffrance, nous avons évoqué le risque de déconnexion avec l'augmentation de traitement, nous avons évoqué sa famille, ses mots, ses désirs, ses besoins. Nous avons parlé de ses proches, de sa difficulté à leur exprimer son ressenti, ses peurs, ses émotions, et du besoin qu'il avait de notre aide pour leur parler. Puis nous avons poursuivi le traitement des douleurs, nous avons envisagé l'avenir. François savait intimement. Il nous a proposé de calmer au mieux ses douleurs et de lui permettre, la semaine suivante, de recevoir et de voir toute sa famille qu'il ferait remonter de toute la France. Chaque matin, nous discutions, augmentant les traitements pour soulager la souffrance et préparer ce moment d'échange en lui laissant sa lucidité. Chaque matin, assis sur le lit, nous essayions d'avancer. Toute la famille pouvait venir. Les jours suivants, tout le monde vint, nous pûmes échanger et, surtout, tout le monde avait intégré cette fin prochaine et possible, cette possibilité d'échange et de dialogue. Nous alternions entre collègues nos visites pour limiter notre exposition, non par lâcheté, mais surtout pour préserver, se préserver !

La semaine de visite n'était pas encore finie, nous étions jeudi, tout le monde était ou pouvait être présent jour et nuit, les discussions étaient libres. Ce matin-là,

François m'apostrophe : « Docteur, on va arrêter là, j'ai encore trop de douleurs, j'ai vu tout le monde, on peut y aller, on s'est tout dit, augmentez les traitements. » Alors, nous avons enfin décidé (pourquoi dire enfin, simplement nous avons décidé à propos) de mettre en place une sédation plus importante (tu te souviens de celle que voulait le cancérologue qui sortait de la chambre !) et François était content. Le matin suivant, il était un peu somnolent, mais souriait encore lors de la visite. La nuit suivante, il a vraisemblablement tenté de sortir du lit et s'est arrêté. L'infirmière m'a appelé vers quatre heures pour me dire : « Docteur, c'est fini, la famille est prévenue. Certains sont encore là, vous n'avez pas besoin de passer, ils savent, ils attendaient, on est calmes. » Encore une fois, notre main ne fut qu'accompagnement, elle ne fut pas droit de tuer, elle fut liberté d'accompagner vers la fin et François a choisi le dénouement. Comme si, enfin prêt, son corps avait accepté l'inéluctable départ et donné l'ordre d'arrêt. La faucheuse n'avait plus le sens du couperet de la lame, mais la rondeur du manche qui enrobe, entoure et peut-être, pour finir, est-il plus rond qu'il n'y paraît. Cette nuit-là, le droit de tuer avait cédé la place à une belle façon de mourir ou de vivre.

23

Jeu, set et match

L'histoire pourrait s'arrêter là, mais la crise de la Covid-19 nous a pris de plein fouet dans nos certitudes et nos horreurs. La mort n'est plus cette putain de douleur ou de souffrance individuelle. Elle est devenue un loto collectif. De la même façon que le jeune qui se fait sauter provoquant une mort déshumanisée, si loin de nos vies, les informations diffusées chaque jour réussissent à déshumaniser encore plus, banalisant ce terme, le plagiant pour en faire un score. La mort ne sera jamais ce qu'on vous fait croire, ou qu'on oublie de vous dire, restons respectueux. Vérité, humanité, amour, dignité. Les piliers de cette fin qui partage nos vies. La même brutalité qui me prend aux tripes quand les morts sont égrenées, quand le nombre remplace le ressenti. Douleur à hurler de vous dire que « un est un » et que jamais un nombre de morts n'enlèvera la douleur d'un seul.

Abdel a quarante ans, il est Covid positif. Il n'est pas vacciné, car c'est encore trop tôt, il n'est pas éligible. Son frère est mort quelques mois plus tôt en réanimation, alors il a peur. Admis en détresse respiratoire dans le service, il ne peut plus respirer, il s'essouffle au moindre mot, il lutte, il s'asphyxie. Quarante litres d'oxygène dans le nez, il ne veut pas d'intubation, il ne veut pas partir dans cet au-delà où, endormi, tu ne contrôles rien. Il le sait, on lui a dit, il l'a lu, l'intubation, c'est pour les morts. Jour après jour, son cas s'aggrave. Toute l'équipe souffre autour de lui. Chaque nuit est difficile. Il désature, il respire mal, ne s'alimente plus, il suffoque.

Il est tôt ce matin-là quand Abdel m'appelle : « Allez docteur, on y va, j'en peux plus. » Et nous l'intubons. Dans cette guerre au quotidien, c'est notre plus jeune patient en bonne santé. Pour l'équipe, c'est un peu leur miroir dans ce lit. Endormi, mis sur le ventre et en alternance sur le dos, toutes les huit heures, tous les jours, sous sédation maximale et curarisation, un combat. Son corps s'abîme lentement, ses muscles s'atrophient. Puis viennent les complications, infection secondaire puis insuffisance rénale. Ça fait un mois maintenant et on n'en voit toujours pas le bout. L'équipe est à fond, vingt-quatre heures sur vingt-quatre, le massant, réajustant la ventilation, organisant les diverses drogues. Son seul ami vient le voir tous les jours, s'assied dans la chambre, pleure. Chaque jour, on lui dit que c'est grave, qu'on ne sait pas, qu'on se bat. Il est algérien, il a poussé tous ses potes à se faire vacciner, c'est notre plus fervent défenseur, il sait. Et une nuit, alarme, arrêt cardiaque, Abdel s'en va… On se bat, massage cardiaque, vingt minutes… et c'est reparti.

On se retrouve à quatre heures du matin dans l'office devant un café, l'équipe craque. « Ça fait déjà un mois, pourquoi on ne le laisse pas partir ? Vous y croyez encore ? On n'en peut plus, lui non plus, il ne va jamais récupérer ! » Alors, on prend le temps de dire nos doutes, nos espoirs. On décide de faire tourner les équipes pour diminuer notre souffrance, pour ne pas être confronté chaque jour à la même douleur, aux mêmes larmes, à notre impuissance et au temps si long. Cette nuit-là, j'ai même appelé sa femme qu'il ne voyait plus depuis dix ans avec sa fille. Elles sont maintenant là tous les jours. Et on ne sait pas s'il va se réveiller. Et puis les choses s'améliorent. On lui fait une trachéotomie, puis on le sèvre du respirateur. Enfin, il respire tout seul. Il bouge légèrement ses membres, séquelle de son coma profond. Il peut à peine relever les bras, utiliser ses mains ou tenir assis. Chaque jour, il me demande s'il va rester paralysé. Enfin, il est parti en rééducation pour réapprendre à marcher, à s'alimenter. Il revient nous voir deux mois plus tard pour nous inviter au resto, il marche, il a amené un couscous pour toute l'équipe. Putain, le plus beau couscous de notre vie ! Il a écrit dans un journal en Algérie, il nous appelle « les Anges blancs ».

Dans la chambre d'à côté, Pierre, un homme de soixante ans, même maladie. Mais lui a décidé de ne pas se faire vacciner. Il a une insuffisance rénale, un cœur un peu fatigué. Il élève seul sa fille de seize ans, il va bien. Pour lui, nous sommes tous des cons. Il le sait, Internet lui a dit, on ne touche pas à sa liberté. Son état s'aggrave, cinquante litres d'oxygène à la minute et il n'arrive plus à respirer. Il ne nous croit pas, sa famille opposée aux vaccins est présente. Des jours d'insultes, de remise en question de notre engagement, de remise en question de leur croyance, et enfin le combat ensemble pour la vie. Ils sont présents pour l'aider à manger, le soutenir, lui parler, lui raconter. Chaque jour, il s'épuise un peu plus, l'équipe harassée le voit partir doucement sans savoir quoi faire. Elle se bat, ne quitte pas la chambre, le mobilise, le fait manger, le lave, le masse. Il faut passer ce cap. De jour en jour, il est de plus en plus faible, ne survit que grâce à l'oxygène à haut débit qui inonde ses poumons. Après la visite ce matin, je passe dans la réserve. Au fond, cachée dans un coin, recroquevillée par terre, une infirmière pleure, seule, dépassée, dévastée. Cette douleur, cette colère que tu ne racontes pas à tes enfants, que tu tais, que tu assumes. Le poids du mensonge des autres, de ceux qui te promettent un procès parce que tu soignes.

L'équipe l'entoure, le chouchoute, le rassure chaque fois que le souffle est trop court. Les infirmières, les aides-soignantes lui tiennent la main, lui apportant un peu de réconfort, beaucoup d'amour. Elles sortent de sa chambre en retenant leurs larmes, impuissantes. Elles savent que s'il avait accepté d'être vacciné, les choses se passeraient sans doute autrement. Elles désespèrent de lui faire vivre cette fin inacceptable, cette perte de chance inqualifiable. Cette souffrance de ceux qui soignent et savent, du traitement refusé, de notre impuissance, du mensonge.

Une nuit, Pierre se lève, arrache son oxygène. Il tombe et meurt au pied de son lit quasi instantanément. Au milieu de la nuit, je prends mon téléphone, j'appelle la famille, j'entends le silence. La famille arrive, je reconnais ce hurlement que seule la douleur provoque, je retiens mes larmes, leur offre un café. Et puis, nous continuons de soigner… les autres. Au matin, l'équipe de nuit rentre chez elle comme si de rien n'était pour revenir le soir. Ils s'occupent de leurs enfants, de leurs familles puis reviennent, taisant leur souffrance. Gardant pour eux l'image de cet homme implorant, épuisé, luttant pour ne pas s'asphyxier. Cet homme à qui tu as tenu la main comme à un ami, et que tu perds sans pouvoir rien y faire en sachant qu'il aurait pu ne jamais être là. Il reste cette douleur qui met tout un service par terre, des soignants en première ligne qui pleurent sans comprendre comment on en est arrivé là, des familles détruites parce que quelques escrocs avaient besoin d'exister.

Chaque chiffre égrené de façon banale est la mort d'un homme. Chacune de ces douleurs que nous avons partagées est unique. Et un coup de dague de plus dans nos armures, qui ne sont pas invulnérables. Les infirmières, les aides-soignantes, les médecins savent tous le poids d'une seule de ces morts. Ils connaissent le désespoir qui te submerge. Ils savent qu'ils n'en peuvent plus, qu'ils ne tiendront pas, et ils quittent le navire.

Ce fut une de nos plus grandes souffrances. Celle de voir un homme s'asphyxier lentement en face de toi, de lui tenir la main et de le perdre brutalement sans pouvoir rien y faire. À ceux qui me diront que c'est normal de mourir à cet âge, je vous conseillerai d'en parler à ses enfants. À ceux qui doutent, je vous demande de m'expliquer le moyen de continuer ce boulot quand ces épisodes se répètent.

Entre ces deux hommes, au-delà de l'âge, il y avait la vérité et le mensonge. Il y avait le respect et la dignité. Il y avait cette douleur lancinante de celui qui a fait un mauvais boulot, de cette mort injuste. Une douleur qui met tout un service par terre. Des soignants en première ligne qui pleurent sans comprendre, une famille détruite. La mort avec sa faux qui te regarde et qui jubile. Jeu, set et match. Le mensonge a gagné.

24
La douleur est ma peur

La mort fait partie de ma vie, elle fut le compagnon de mes années d'exercice, puis un jour, elle m'offrit la rencontre, l'affrontement ultime, le face à face dans toute sa déraison. Une rencontre inédite, improbable, et pourtant. Ce matin de septembre, il faisait particulièrement beau, nous nous étions réveillés avec ma femme, en forme, prêts à aller faire notre séance de CrossFit habituelle du dimanche. C'est notre rituel depuis quelques mois, WOD en équipe avec les amis.

Ce jour-là, je fais équipe avec ma chérie, on est à fond, les mouvements s'enchaînent, on pousse encore. Je mc rappelle la fin de l'entraînement, « box jump », « burpees » enchaînés à fond, épuisé, mais fort de cette énergie. Cette force que tu puises en toi et qui te permet de terminer l'exercice. La récupération est difficile, le souffle peine à revenir, mon cœur bat vite, trop vite, j'ai du mal à récupérer. Peut-être un peu plus que d'habitude, alors je demande à Cécile de prendre le volant pour le retour, histoire de me reposer.

Je suis assis dans la voiture et au fur à mesure du chemin, je sens que ça ne va pas. Je ne sais pas dire pourquoi, je ne comprends pas. Moi, réanimateur, d'habitude si clair dans mes analyses, je ne sais rien exprimer. Je me balance d'avant en arrière sur le siège, je vais de plus en plus mal. Cécile m'interpelle : « Ça va, chéri ? », pas de réponse ou un laconique « non, ça va pas ». La route continue, je suis incapable de réfléchir, Cécile me repose la question, je ne sais pas répondre, ma vue se brouille, je ne sais pas réfléchir, ça ne va pas du tout. Cécile réalise l'absurdité de la situation, cet homme à son côté qui se dandine sans rien dire, trop pâle. La route est bloquée par les voitures, pas de passage, elle prend la voie de bus en warning et fonce. L'hôpital, les urgences.

J'ouvre ma porte et hèle deux brancardiers qui discutent : « Venez m'aider, je ne peux pas sortir tout seul. » Un fauteuil roulant amené rapidement, ils me prennent en charge, je ne sais plus, je ne suis pas vraiment là, incapable de penser. L'infirmière d'accueil me voit et déclenche immédiatement les hostilités : « Lui, vous le mettez tout de suite sur un brancard au déchoquage, Madame, allez garer votre voiture et revenez. » Pas une minute d'attente, tout s'emballe. Et tout s'enchaîne, du fauteuil au brancard, la position allongée qui me réveille, ma tête remarche, je pense, je sais, je comprends. Allongé sur le lit, je vois mon bras, perfusé, le bilan qui part au laboratoire. Je vois l'électrocardiogramme… je vois et je comprends, ce tracé anormal, un seul diagnostic : infarctus du myocarde. Tout s'éclaire : le malaise dans la voiture, l'état de choc qui trouble la vue et la conscience, la situation qui s'améliore en position allongée, la tension qui remonte, la pensée qui devient claire. Aucune peur, aucune angoisse, je connais la procédure. L'interne de garde qui m'explique : « Vous avez fait un infarctus, on va vous prendre en urgence en coronarographie, on s'occupe de tout. » Mon esprit est clair, l'importance du je sais. Cécile est déjà là, ils l'ont laissée entrer, si vite. C'est grave… C'est le principe des urgences : quand le danger est immédiat, la machine va vite, très vite.

L'instant d'après, la douleur me submerge, brutale, permanente, sans à-coup. Pas de pensée, pas de réflexion, juste cette douleur qui t'envahit, occupe ton esprit, te retourne, t'obsède, insurmontable, irréparable, permanente. Première injection de morphine, 3 minutes, échelle de douleur : 10. Deuxième injection de morphine, 3 minutes, encore 10, troisième injection de morphine, etc. Je répète inlassablement « j'ai mal ». Immobile, atterré, apeuré, la douleur a pris possession de moi, elle me dépasse. Au-delà de la vérité, de l'humanité, je suis douleur. Elle ne s'arrête pas, elle est là, empoignant ton thorax, montant dans tes bras, ta mâchoire, sourde, insupportable.

Enfin, les choses s'animent : départ pour la coronarographie, interne, brancardier et moi. Trajet à risque, le seul moment où dans un couloir, un ascenseur, les moyens ne sont pas disponibles. Réanimateur, je sais cette étape à haut risque et là, c'est moi la victime. Alors que la porte de l'ascenseur se referme, lucide, j'interpelle : « Le seul endroit où je peux faire un arrêt cardiaque, c'est ici, hors de toute surveillance et vous n'avez rien pris pour me réanimer ! Un trouble du rythme et je suis mort. » La dame avec sa faux sourit, l'interne a blanchi, il sait et n'oubliera plus. Pas de peur, une lucidité froide, la banalité d'une situation où, cette fois, l'urgence c'est moi. Et toujours cette douleur ! Je garde encore la souffrance en mémoire de ce moment, pas la peur de mourir, mais une peur viscérale d'avoir de nouveau mal, imprimée dans ma mémoire à jamais.

Salle de coronarographie, ils sont tous là. Médecin et assistants. On a dû lui dire que j'étais réanimateur, alors il m'explique tout : « Ça risque d'être un peu chaud quand on va déboucher, vous allez peut-être avoir très chaud ou une sensation de malaise, mais on gère. » Bien reçu, ça veut dire que tout peut arriver. Je reste attentif aux sensations, je suis les gestes, la ponction de l'artère, le trajet de l'iode opacifiant. Tous parlent à voix basse. Je sens le malaise arriver, les sueurs, la chaleur qui me prend, la conscience qui se trouble, j'entends une puis deux injections d'éphédrine et je reviens à la pleine conscience, surtout à une disparition complète de la douleur, le bonheur comme si de rien n'était. Il a débouché, posé le stent. Il me montre les images avant/après. Tout va bien. J'ai réalisé après coup que j'avais dû partir un moment bien loin de la réalité, car mon cerveau attentif avait compté deux injections d'éphédrine et, en fait, il y en a eu cinq. Ce sentiment qui s'installe *a posteriori* que tu aurais pu y passer.

Et me voici au lit dans l'unité de soins intensifs, repos, quelques fils partent de mon thorax pour surveiller mon cœur et le scope égrène ces battements, imperturbable. C'est la ligne de vie, celle qui fait sonner l'alarme dans le carré infirmier si quelque chose d'anormal se passe. Cécile est là, je n'ai plus mal, tout va bien. On ne va inquiéter personne, on en parlera aux enfants demain, ça y est, c'est réglé. Ma chérie est avec moi, tout est OK.

Ce serait sans compter la dame en noir qui se promène, me suis depuis la salle de sport et se rappelle à mon souvenir. La douleur brutale, identique qui s'installe, insiste, la même intensité. Pas de peur, juste l'esprit totalement rempli de cette douleur qui m'envahit. Je le sais, ça recommence. Dans les cinq minutes, l'infirmière arrive, le médecin est prévenu et on est repartis, coronarographie… Encore les couloirs, encore le lit, encore le transfert sur la table de coronarographie, encore cette chaleur dans le bras, puis cette sensation de perte de connaissance où tu te réveilles en sueur, mais vivant. Encore. Et, de nouveau, retour en chambre, même plus mal.

Et la soirée commence, doucement, repas, télé. Cécile rentre à la maison, tout va bien.

Le scope continue sa surveillance permanente, le bruit de ton cœur : toc, toc, régulier. Le risque, je le connais, ce sont les troubles du rythme, la tachycardie ventriculaire, l'arrêt. L'infirmière ouvre la porte chaque fois qu'un trouble du rythme apparaît pour voir si je suis présent, conscient et si tout rentre dans l'ordre. De façon étonnante, pendant le début de cette nuit, mon associé et ami m'envoie des SMS et je lui décris : « Tiens, une salve de TV, il faut qu'elle cesse. L'infirmière vient de rentrer, ça va, c'est fini », et ça recommence. Il me dira après avoir été très inquiet de me lire. De mon côté, pas d'angoisse, une dissociation étonnante, je sais. Je sais où je suis et ce qui se passe, ce qui peut arriver. Comme si mon esprit regardait cet homme dans ce lit sans affect, professionnellement sans reconnaître que c'est lui... que c'est moi. Une conscience de réalité vécue et pourtant un éloignement de l'angoisse de mort, pas de place à l'inquiétude du malade. Une peur de mourir absente, une conscience de l'instant trop présente.

Les jours suivants, ce sera un autre type de troubles du rythme, autre complication, le cœur ne s'emballe plus, mais il se ralentit. Et le plus souvent lors des repas, comme si un réflexe vagal lors de l'alimentation le poussait à s'arrêter. Je le vis en direct, je vois le scope ralentir, la fréquence cardiaque baisser, 30 par minute, 25 par minute, 20 battements par minute… J'observe sans redouter, je sais que c'est compliqué. La porte s'ouvre encore, l'infirmière : ça va monsieur ? Le cœur qui repart et c'est fini… ça recommence. Tout ceci a duré trois jours, puis les évènements anormaux se sont calmés et la sortie fut envisagée.

Repos, arrêt de travail, rééducation. Rentré à la maison, loin du confort de l'hôpital, hors de mon rôle de soignant, je me retrouve humain. Je réalise que j'ai failli y passer, que ma copine avec la faux était là et est même venue me narguer, mais que j'ai gagné. Je commence à prendre conscience de ma finitude, du risque passé et à venir.

Ce seront les premières questions lors de la rééducation cardiaque. Un test d'effort pour évaluer les conséquences de l'incident. On te met sur un vélo et on te demande de pédaler de plus en plus fort pour voir si ton cœur souffre et comment il se comporte à l'effort. Une équipe sympa et rassurante. Une seule question : « Donc je pédale à fond, à la limite de ce que je peux, mais… il va tenir ? » La seule angoisse, c'est que tout s'arrête, que le cœur explose comme la première fois. Et leur réponse amicale, bienveillante : « Donnez tout, il faut qu'on voie, et s'il se passe quoi que ce soit, on arrête et on est là, allez lâchez-vous. » Et ça a tenu. Jour après jour, ça a tenu et la confiance en mon corps est revenue. Je pouvais reprendre l'effort, le sport, sans crever au coin de la rue.

De tous ces évènements, je garde en mémoire cette douleur et c'est peut-être le pire. Elle est source de cette peur qui m'habite, peur d'avoir mal, essentielle. Pas de peur de mourir, même si la propre conscience de ma finitude a sûrement changé mon approche des choses. Peur de souffrir. Je m'interroge aussi sur cet aspect dissociatif de ma réflexion. J'étais pour moi comme je le suis pour mes patients. Pas détaché, mais conscient et objectif sur les problèmes qui se posaient, sans angoisse, simplement une réalité froide sans affect. Une appréciation médicale de la situation, une observation de mon corps de l'extérieur, comme déshumanisé ou alors simplement calme, car je savais. Le sens de la vérité. L'importance de connaître sa maladie, de savoir les perspectives, de les envisager sans passion.

Est-ce la vraie réponse : l'information claire et objective qui amène à taire l'angoisse ? C'est une des réponses que j'amène pour accompagner vers ou dans la mort : la vérité claire et audible. La seule réalité qui te rattrape, qui te bouleverse, qui hante ta mémoire, c'est la souffrance et la peur d'avoir mal. Tout vivre, tout accepter, mais ne pas souffrir. La mort avec sa robe en noir n'est rien devant l'humanité, la conscience, la dignité et la vérité ; elle peut être affrontée.

La douleur, elle est peur, elle est mémoire.

La maladie, la mort, je les connais, je les sais pour mes patients, pour mes proches, pour moi. Accompagner, c'est libérer la mémoire de ces fardeaux que sont la souffrance et la douleur, les soigner, effacer la douleur et vivre, quitte à en mourir. Dans le respect de nos volontés, dans la bienveillance, avec sincérité et vérité, alors ainsi nous pouvons soigner.

25

Vivre en paix avec la mort ou mourir en paix avec la vie

Presque une vie est passée avant de pouvoir raconter ce voyage, avant de pouvoir mettre des mots sur du ressenti. Une vie pour voir clair quand un gosse est devenu terroriste et que cette peur enfouie est remontée, a ressurgi, permettant la parole. Une vie pour comprendre ce chemin de main à cœur, de mort à vie, de souffrance à désir, d'amour à oubli. Mon discours, le but de ces mots, reste toujours de considérer notre rapport, mon rapport avec la mort. La mort qui vit, intervient, attendue ou non, prévisible ou non, mais toujours existante.

Sur ce chemin de la vie, il y a le doigt de l'homme. Le droit de l'homme, une main tout entière pour suivre et comprendre, une main pour aimer. Et pour comprendre, avancer, il faut écrire encore, vider les angoisses, parler, partager. C'est encore et toujours le retour en arrière. Au-delà des peurs et des craintes, pour le plaisir du souvenir. Épisode après épisode, et encore à venir les mêmes incertitudes alimentées qui se nourriront aussi de vos réflexions. J'aime imaginer ce lien qui se tisse. J'aime imaginer cette envie de crier, de commenter cette colère ou ce sentiment de peine, cette envie de partager. J'aime imaginer qu'il prend son sens dans le silence de ces vingt ans où cette expérience est restée enfouie. J'imagine vos maux par des mots, réactions, actes de partage, actes d'amour !

Nous tournons autour de la mort et du droit de tuer. Les mélanges des sentiments parfois se mêlent au jeu et tuer prend un sens nouveau. De Pierre à Jacques en passant par Maman, la réalité du fait nous pousse parfois vers des incompréhensions.

Eh oui, pourquoi ne pas laisser mourir. J'entends vos cris : « laissez-la mourir ». Il n'est pas dans mon propos de réfuter ce droit de mourir, la thèse reste clairement de ne pas tuer. Quelle différence faire entre laisser mourir, aider, accompagner et tuer. Je reviens sur vos remarques et indignations : « laissez-la mourir ». Oui, je veux que celui qui n'en peut plus, qui sait que le chemin essentiel est muni d'une fin, oui je veux que lui puisse faire le choix de s'en aller et l'accompagner dans ce choix. Non, je ne veux pas faire le geste de tuer. Oui, je veux qu'on accepte la mort et qu'on pose la vraie question de : qui fait quoi ?

À l'époque, les bourreaux avaient le droit de tuer, c'était leur métier. Qui se soucie du sommeil du bourreau ? Oui, il dort, comme le militaire entraîné à tuer, car telle est sa mission de défense. Tous ont appris et subi un conditionnement majeur qui permet de retirer l'humain du doigt qui appuie sur la gâchette, de déshumaniser le geste.

La seule différence entre accepter et agir, c'est l'amour. Certains diront que laisser mourir est identique. Non, aider à mourir et tuer ont pour seule différence la réalité d'un geste. Le doigt sur la gâchette, sur la seringue, c'est le moment qui sort de l'humain. C'est un conditionnement long et difficile, la cible se déshumanise pour devenir but, mission, acte. Le cerveau s'oublie. Le doigt agit comme un réflexe inhumain et le jour où l'humain reprend ses droits, le jour où la réflexion s'engage, le geste n'est plus possible. Acte sous-cortical (c'est-à-dire acte fait sans aucune réflexion, de façon automatique, car parfaitement maîtrisé) comme la gestion de l'urgence. L'horreur est présente, mais seule l'action sans la réflexion permet de tolérer l'intolérable.

Nos soldats du Libéria étaient des enfants sans amour qui avaient perdu le sens humain, capables de tuer, pas de donner la mort, simplement de considérer la mort comme un jeu sans aucune humanité. Quand ce malade veut s'endormir pour quitter la vie, aidons-le à s'endormir paisiblement, à aller vers le passage que certains escomptent ou rêvent. Accompagnons, sans le geste fatal, car celui-là est insupportable. Celui-là alimentera vos rêves les plus intimes et lentement vous détruira. Inexorablement.

Je ne parle que d'un geste, un seul geste qui change tout.

De l'attentat de Paris aux rives du Libéria ou dans la moiteur des soins palliatifs, c'est le même mot. Seul le geste change pour que madame puisse utiliser sa faux dans l'amour et non dans la haine. La mort, mon amie, je l'aime, car je la sais et elle me sait, sans peur. Elle peut et doit rester partie de nos vies, oui elle existe et peut être supportable, car elle est également amour. N'est plus amour celui qui refuse en s'acharnant pour sauver ou en voulant maintenir une vie à n'importe quel prix. Il n'est que l'image de ses peurs et de ses angoisses, et surtout de ses croyances, de son éducation et de ses dogmes.

Je veux continuer à penser humain. Ne pas laisser les beaux discours cacher le réel. Oui, il y a des gens dans les soins palliatifs qui sont généreux et humains ; oui, il y a dans ces mêmes soins des gens pleins de dogmatisme ou de fanatisme qui imposent la poursuite de la vie à tout prix. Oui, il y a des médecins qui accompagnent et amènent vers le bord du chemin leurs malades en conscience, leur apportant amour jusqu'à la fin pour aider la mort à agir ; oui, il y a aussi des déraisonnables qui se perdront dans leur mission, croyant que la bataille est toujours nécessaire, parfois au prix de la dignité. Oui, il y en a qui décideront seuls dans la paix de leur conscience et l'insatisfaction croissante de leur égoïsme.

Non, il n'y a pas d'homme qui puisse marcher et tuer quelqu'un simplement pour le plaisir ou se faire sauter pour tuer. Non, ce n'est pas possible, c'est le reflet ou le miroir de l'échec de la vie, de son propre échec ou de sa perdition. L'oubli simple que nous sommes avant tout aimants. Il n'y a, dans tous ces moments, que des individus isolés ayant perdu le sens de la vie et l'intégrité du mot amour. Sans amour, on perd l'humanité et sans humanité, on perd l'humain. Le seul sens de mes propos au fil du temps est de rester homme. Seul l'amour des autres amène à aimer, accompagner vers la mort. Tu ne tueras pas, car tu ne peux pas, car tu es homme. Allons vers la mort sans geste fatal, sans ce geste actif dénué de sens et qui va si loin. Nous ne sommes pas les bourreaux de demain et ceux qui agitent la colère ou la haine disparaîtront si nous sommes unis vers la vie. Cette vie où la mort existe.

Le droit de mourir en tant que droit fondamental de l'homme. C'est le fond du débat. Je ne veux pas tuer, je ne peux pas tuer. L'évolution de celui qui, un jour, donne la mort est sûrement plus une inaptitude à aimer, à être aimé.

Seule la morale pseudo-démocratique, pseudo-laïque, pseudo-judéo-chrétienne masque l'insuffisance d'une société vouée à l'isolement et au zapping. Zapper les derniers instants pour qu'ils partent plus vite : quelle connerie. Rien ne sert d'aller vite, rien ne sert d'accélérer, prendre le temps, partager, c'est enrayer l'absurdité d'une situation ultime pour la reprendre en vie, avec envie. Partager et encore partager pour accompagner cette fois vers le non-retour. Je sais et remarque les arguments et contre-arguments. Je ne juge pas, je ne cite que mon expérience. Je crois que celle-ci, aux confins de mes incertitudes, se solidifie d'année en année et son expression écrite me ramène encore plus dans la certitude que nous sommes ensemble. Que la mort, rite de passage ou pas, ne mérite pas d'être bâclée, abandonnée ou même usurpée.

Oui, je pourrais reprendre mes colères ou mes peines ; oui, je pourrais reprendre mes amours. Le droit de mourir dans la dignité, c'est notre deuxième paragraphe, c'est accompagner la vie jusqu'à la fin sans imposer, simplement en respectant. C'est : « Tu t'en vas sereinement, mais aucun de tes amis ou proches n'est le bourreau. » J'entends chaque jour ces discours de gens connus réclamant cette liberté, mais aucun ne pose la question de qui doit faire le boulot. Même si je ne l'ai pas fait, j'ai pensé à appuyer le coussin sur la tête de ma mère, j'ai rencontré la mort. Oui, l'euthanasie est ce mot qui est utilisé si rapidement. Ce n'est pas : je t'accorde et je te demande le droit de mettre fin à mes jours. Ce n'est pas : tu deviens la main substitut qui porte le fusil ou le couteau. C'est ensemble, accompagnons-nous vers la fin, passage ultime, mais passage toutefois.

La vision de la liberté de mourir, de ce droit, deviendrait-elle « je revendique le droit d'être tué et de tuer » ? Qui prendrait cette mission en charge ? Les bourreaux du siècle prochain fièrement nommés et formés pour respecter ton choix et ta parole ? Les images s'enchaînent, il n'y a alors plus ce gamin au coin de la rue qui va se faire sauter, mais simplement une leçon d'amour qui va te faire avancer et comprendre que ta destinée est létale.

Cette histoire pourrait devenir une histoire où la présence du bourreau n'est plus nécessaire, car nous sommes des hommes et avons le temps. Je sais que le chemin est ardu entre la compréhension, l'acceptation et la réalisation. C'est le temps nécessaire pour que notre esprit comprenne cette exigence et la fasse sienne. Alors, même si les convictions paraissent ancrées et infiniment douloureuses, il ne s'agit que d'une question de temps. Prenons le temps et ce besoin de droit : droit d'être, droit de mourir. Droit de tuer devient inutile puisque le droit est celui de tous, il ne nous reste plus qu'à être, tout simplement. Et nous pourrons ainsi continuer notre chemin essentiel, simplement fait d'amour et d'acceptation.

« Oui » quand le chemin se termine, « Oui » quand la raison se confronte à la déraison pour s'harmoniser en une union naturelle. Mais « Non » quand le droit de tuer pourrait donner la liberté d'interrompre un processus mal jugé. Ce fut la première histoire de ce chapitre, quelle en serait l'erreur ? Cet ami qui demande de l'aide pour s'en aller aurait-il eu cette chance ? Quelle force de l'humain peut prédire le demain sans erreur ? C'est notre force dans l'union. Aucune décision ne peut être prise seule, aucune perspective ne peut être envisagée seule. Nous sommes toujours, nous devons toujours être dans la communion et le partage d'expérience pour prendre la bonne décision. J'ai toujours exprimé à mes élèves, j'ai toujours appris de mes maîtres, comme nous avons pu le voir, que les décisions sont toujours collégiales, qu'aucune d'entre elles ne peut être prise seule au fond d'un bureau. Alors, la vie peut continuer et la mort devient familière, voire amicale.

Ici s'achève l'histoire de ce chemin entre obscurité et lumière, où la victoire n'est peut-être pas toujours du côté du soleil. Nous avons compris ensemble que le respect et l'amour, même dans la mort, ne peuvent être dictés que par la vérité. Nous sentons que le geste actif de tuer n'a pas de sens humain, mais que le droit de mourir prend tout son sens. Laisser le temps au temps, aimer, partager, accompagner, les mots disent leur vérité. Le droit de mourir, aider à mourir : pas tuer. Et souvent, le temps fait son office et la fin arrive au moment choisi par celui qui s'en va.

Médecin réanimateur, passeur…

Aujourd'hui, puisque nous avons tous attrapé cette maladie mortelle qu'est la vie, je sais que l'on peut vivre en paix avec la mort, ou mourir en paix avec la vie.

Remerciements

À Vincent Cespedes
pour son aide attentive.

À Sabine, Nathalie, Florence
pour leurs lectures critiques.

À ma femme Cécile
pour son soutien au quotidien.

Retrouvez-nous sur les réseaux sociaux :

City éditions

www.city-editions.com
@cityeditions
www.facebook.com/cityeditions/
@CityEditions
@cityeditions

Achevé d'imprimer en octobre 2023
sur les presses de la Nouvelle Imprimerie Laballery
58500 Clamecy
Numéro d'impression : 310080

Imprimé en France

La Nouvelle Imprimerie Laballery est titulaire de la marque Imprim'Vert®